Noor Rox Jarurat

Legalisiertes Stockholm-syndrom

Wenn das Wort Adoption zum Synonym wird …

Bibliografische Information
der Deutschen Nationalbibliothek:

Die Deutsche Nationalbibliothek
verzeichnet diese Publikation in
der Deutschen Nationalbibliografie.
Detaillierte bibliografische Daten
sind im Internet über
http://www.d-nb.de abrufbar.

Alle Rechte der Verbreitung,
auch durch Film, Funk und Fernsehen,
fotomechanische Wiedergabe,
Tonträger, elektronische Datenträger und
auszugsweisen Nachdruck,
sind vorbehalten.

www.vindobonaverlag.com

© 2021 Vindobona Verlag

ISBN 978-3-949263-26-2
Lektorat: Lucas Drebenstedt
Umschlagfoto:
Chernetskaya | Dreamstime.com
Umschlaggestaltung, Layout & Satz:
Vindobona Verlag

Gedruckt in der Europäischen Union
auf umweltfreundlichem, chlor- und
säurefrei gebleichtem Papier.

Inhaltsverzeichnis

Chapter Zero 21
Chapter One 23
Chapter Two 25
Chapter Three 28
Chapter Four 30
Chapter Five 34
Chapter Six 39
Chapter Seven 41
Chapter Eight 43
Chapter Nine 47
Chapter Ten 50
Chapter Eleven 58
Chapter Twelve 61
Chapter 13 66
Chapter 13.2 67
Chapter 14 69
Chapter 15 72
Chapter 16 74
Chapter 17 76
Chapter 18 79

„Du hast eine der humansten Waffen, mit denen man kämpfen kann. Du hast das Talent zum Schreiben. Nutze es."

— ein Freund

Die ersten Seiten des Lebensbuches von AdoptantInnen, deren Identität gestohlen und/oder verfälscht wurde, sind oftmals leer. Es ist der U R S P R U N G, der fehlt.

IDENTITÄT
Zum Selbstausfüllen.

Dieses Buch wird sehr kurz. Nicht, weil ich als SchriftstellerIn keine Lust hätte, es zu schreiben. Sie haben keine Ahnung, wie viel Spaß ich an diesem Buch eigentlich habe. Sofern man die Ernsthaftigkeit des behandelten Themas kurz außer Acht lässt. Es liegt eher daran, dass man einfach zu wenig darüber weiß.

Ein Mitgrund ist möglicherweise auch, dass ich, zynisch, sarkastisch und ironisch, wie ich bin, die Ironie hervorheben will, dass das Buch, obwohl es so dünn werden wird, immer noch mehr Seiten hat als die Dokumente, die man als Adoptivkind aus Neu-Delhi, Indien, **1994** bekam.

Sollten Sie also nichts mit Sarkasmus, Zynismus, mit Ironie, politischer oder Lebenssatire anfangen können, kann ich Ihnen das Buch wirklich nicht empfehlen.

Noor Rox Jarurat

„Ich habe nichts gegen den Grundsatz einer Auslands- oder einer Inlandsadoption, aber ich habe etwas gegen das Stehlen einer Identität und das Rauben der Menschenrechte und dagegen, dass es möglich ist und als ‚normal' gelten soll, dass Menschen ihre Kinder gestohlen werden. Gleiches gilt im Rückschluss. WIR haben aber leider noch nichts Wirksames gegen dieses System in der Hand."

Noor Rox Jarurat, Auslandsadoptierte

Prolog

Es ist das System, das immer wieder vom Menschen gebrochen werden will. Es ist das System, das Menschen, die nicht aus der Dritten Welt kommen, vielleicht vereinzelt hinterfragen, aber zu oft lassen sie sich mit den Sätzen „Ist eben so." und „Kann man nichts machen, das war so/ist so." abspeisen. Es ist das System, das jene, die aus der Dritten Welt kommen, hinnehmen müssen, da die Mächtigen und Verantwortlichen ihnen entweder kein Gehör schenken oder, wenn sie es tun, deren Worte oder Menschenrechte, Wünsche, Bedürfnisse, Leid und Stimme im Keim ersticken.

Es ist das System, das auf einem vor Jahrzehnten etablierten „Stigma" beruht und, obwohl es sehr wohl Gesetze und Regeln gibt, weiterhin bestehen darf.

Nicht, weil man dagegen nichts tun könnte, sondern weil man dagegen nichts tun will.

Eine Machtvorstellung, ja, ich muss mich zusammenreißen, um nicht „Gotteskomplex" zu sagen, von Menschen, die Geld und Macht wollen und ein Dominanzverhalten an den Tag legen, um sich „einem Höheren" gleichgestellt zu fühlen. Vielleicht hilft es dem einen oder anderen auch, seine Potenzprobleme zu beheben. Man weiß es nicht.

Ich, Noor Rox Jarurat, kann nur mutmaßen, was in Menschen in einem System, überwiegend an oberster Stelle von Männern geführt, vorgeht, wenn diese beispielsweise Ordensschwestern in Kinderheimen Indiens dazu bringen, Müttern, Vätern, ganzen Familien ihre Kinder zu nehmen, und das nach dem Motto „weil sie zur untersten Kaste gehören". Wenn diese Ordensschwestern (ironisch, dass man das mit „ss" schreibt) dazu bringen, armen, teils mittellosen Familien einzureden, dass sie entweder auf ihre Kinder „wirklich nur aufpassen, bis die Familien selbst wieder die Möglichkeit haben" oder dass ein Baby mit dem biologischen Geschlecht eines Mädchens nichts wert und es daher für alle Beteiligten besser wäre, dieses aus der Familie zu verbannen (dies kommt ebenso von über Generationen geprägten Verwandten der Schwangeren).

Dass sie es als Menschen „aus der untersten Kaste" nicht verdient hätten, ein Kind zu haben.

Was ebenso verwerflich ist, ist, dass sie den Familien manchmal das Kind einfach aus den Händen reißen oder dass arme indische Frauen in ein Krankenhaus einer Ordensgemeinschaft gehen, um ihr Kind zu gebären, und es ihnen nicht einmal zurückgegeben wird.

Auf Widerstand der Mütter/der Familien werden sie in Grund und Boden gedemütigt, indem ihnen wieder einmal etwas eingeredet wird. Stichwort: „Unterschicht, halt's Maul", natürlich überspitzt formuliert. Wobei, ganz ehrlich, nein. Denn diese Frauen/Familien werden mit der Polizei bedroht, wenn sie einem kriminellen Aspekt der Gesellschaft Widerstand leisten. Sie bekommen es mit der Angst zu tun, da es die Polizeigewalt im Jahre 1994, ebenso wie davor und danach, erlaubte, körperlich zu züchtigen oder jene „WiderstandsrebellInnen des Systems" sogar ins Gefängnis zu sperren.

Unterstützt wird dieses Vorgehen entweder von Menschen, die – ja, ich glaube, ich darf es so nennen – „Amtsmissbrauch" betreiben oder Beihilfe dazu leisten, indem sie:
- die Handlungen nicht rückverfolgen,
- jene Handlung trotz des Mitwissens bestärken, weil sie es trotzdem „freigeben" oder dem „zustimmen",
- die Papiere fälschen oder nicht komplettieren.

Die kleinen Kinderheime unter sich tätigen wissentlich unter Eid Falschaussagen, um ihre „gute Tat", nach der oftmals nicht gefragt wurde, unter dem Schutzmantel eines manchmal in Gottes Namen geführten Unternehmens zu rechtfertigen. Den Adoptiveltern, die sehr oft katholisch und daher auch vielleicht etwas „gutgläubig" sind, wird eingeredet, dass es keine Informationen gäbe. Weder über die Mutter noch über das Kind, denn wozu auch? Es ist ja Indien und die armen, meist sehr jungen, unverheirateten Frauen, die überwiegend dem hinduistischen Glauben angehören, wollen lieber nichts hinterlassen. Die Kinder sind somit „von unbekannten" Personen „abgelegt" geworden. (Das Schwierige daran ist, dass es oft stimmt, aber eben nicht immer!) Kein Grund, misstrauisch zu werden. Ist ja nur immer die gleiche Aussage und muss ja stimmen. Klingt glaubwürdig.

Ist ja Indien. Sind viele Hindus. Sehr viele junge Mütter. Unverheiratet und kein Interesse daran, was danach mit ihrem Kind geschieht. Haben viel zu tun mit dem „Überleben". Da können sie sich nicht auch noch um ein Kind, das ihre Existenz mit seiner eigenen Existenz ruiniert hat, kümmern.

Die Kinder sollen bitte nur dankbar sein dafür, dass man sie einfach adoptiert hat und sie ein „besseres Leben" haben. Dass man ihnen jetzt etwas mehr zu essen geben kann und sie medizinische Hilfe bekommen. Dass sie zur Schule gehen dürfen. Die Kinder sollen bitte nicht nach ihrer Herkunft suchen, da es die Familien und Mütter in Gefahr bringen könnte. Sie wären also ein zweites Mal schuld, dass ihren ErzeugerInnen Leid geschieht.

Außerdem: Seid nicht so undankbar den Adoptivfamilien gegenüber! Ihr könntet sie verletzen nach alldem, was sie für euch getan haben, wenn ihr auf die Suche geht nach euren Wurzeln und, so weit kommt's noch, nach eurer echten, ungefälschten Identität!

Für den Fall, dass sie sich im Nachhinein nicht im Keim ersticken lassen, so wie wir es mit ihren biologischen Eltern geschafft haben, verstecken wir die Wahrheit. Löschen deren Existenz aus oder behalten die Wahrheit, erzählen eben das, was wir allen erzählen, und rücken nicht einmal im Nachhinein die Akten raus, sodass wir die Würde des Menschen schön antasten. Oder wie ging dieser Spruch noch mal? „Wen interessiert es? Wir sind das System. Wir dürfen das. Wir lieben ja nur unsere Nächste/unseren Nächsten wie uns selbst."

------ **FALSCH.** ------

Wir Adoptivkinder sind vielleicht identitätslos und paradoxerweise haben wir gleichzeitig mehrere Identitäten, weil ihr uns deren beraubt und uns jene gegeben habt, die für EUCH stimmig oder nötig war, um in eine komplett andere Kultur zu passen! Viele Adoptierte wurden „angepasst". Aber KinderhändlerInnen sind persönlichkeits-, charakter-, herz- und schamlos. Die Täter sind unmenschlich und verstoßen immer wieder gegen eines der Gebote Gottes: Du sollst nicht lügen. Wir Adoptierten fordern nur die Wahrheit. Die Menschen jene mit oftmals angeblichen Waisenkindern handeln fordern das Leben, die Existenzgrundlage und den weiteren Verlauf des Lebens – durch ihr Handeln. Manche arbeiten nicht nur für Gott – sie halten sich für einen.

Auszug aus einer Lyrik – verändert und weitergeführt für das Buch „Artikel – Kind" – von mir:

Ich bin kein Anwalt. Ich bin kein Journalist. Ich bin Noor Rox Jarurat. Wenn ich ehrlich zu Ihnen bin, dann musste ich mir selbst diese Identität erkämpfen.

Mit diesem Artikel möchte ich die Augen öffnen. Sensibilisieren. Auch wenn es bereits vor mir etliche Menschen gab, die das Schicksal und auch den Weg der Wurzelsuche mit mir teilen und ebenso versucht haben, darauf aufmerksam zu machen, ist dies, so scheint es mir, zu wenig.

Ebenso möchte ich aufstehen für jene, die es vielleicht nicht können, da sie unterdrückt wurden oder immer noch unterdrückt werden. Für jene meine Stimme erheben, welche bis heute ungehört blieben.

Chapter Zero

Ursprung

„**Die Würde des Menschen ist unantastbar.**"

Indien, April (oder war's vielleicht doch Mai oder März?) 1994. Irgendwo, man weiß nicht, wo, gebar eine, laut Aussagen des Kinderheims „unbekannte, unverheiratete, hinduistische, junge indische Dame in Neu-Delhi, Indien, ein Kind". Es durfte sechs Wochen mit der leiblichen Mutter verbringen. Angeblich. Es waren „unknown persons", zu Deutsch „unbekannte Personen", von denen das Kind abstammte. Angeblich. Ab dem 29. Mai 1994 war das Kind nun angeblich im Kinderheim und *wurde 1995 im Juni zur Pflegschaft nach Österreich von einer Österreicherin mitgenommen, sodass es dann in Österreich adoptiert werden konnte.* Das Kursive entspricht auch der Wahrheit. Unter den wenigen Papieren auf indischer Seite gibt es drei sehr wichtige und ein paar wenige „unwichtige". Auf einem Papier steht, dass das Kind abgegeben worden wäre. Dass man nichts über die Mutter wüsste. *Sie wäre unbekannt.* Hat das Kind einfach nach sechs Wochen „vor die Tür gelegt" und wäre gegangen. Es gäbe keine Akten. Keinen Namen. Keine Adresse, nicht einmal ein grob geschätztes Areal, woher sie gekommen wäre. Alles, was **es gäbe,** wäre das **Nichts.** Irgendwie interessant, wenn man daran denkt, dass auf dem **Child Study Report** steht, dass sie mit ihr gesprochen haben. Wie kann das sein? Wo sie doch behaupten, sie nie gesehen zu haben.

Der Umstand, dass der Anwalt die Zustimmungserklärung der Mutter für die Freigabe zur Adoption komischerweise nicht finden konnte – dann hat er sie gerade wieder in der Hand gehabt und dann wieder, kurze Zeit darauf, sollte sie in einer anderen Akte sein –, war für das indische Adoptivkind äußerst interessant. Auch die Aussage des Anwalts im Rahmen des ersten Telefongesprächs – „Sieh es doch einfach ein. Deine Mutter wollte dich nicht!" – war suspekt. Woher will er das denn wissen, wenn die Ordensschwestern meinen Eltern sagten, dass es keine Akten gibt? Woher will er wissen, was sie sagte, wenn sie niemand kennt und nie jemand mit ihr gesprochen hat? Dass es die Akte sehr wohl gibt, haben sie verschwiegen. Tatsachen wurden also gefälscht. Darf man das?

(Ende der Lyrik)

Ich bin Roxana Noor. Kind von jemandem. Geschwisterchen von jemandem und noch vieles mehr. Ich bin ein **Mensch mit Rechten! SO WIE WIR ALLE! Von Anfang an. Namasté.**

Chapter One

(Auch die Kapitel halte ich klein und fein. So wie der Text auf den Papieren, die Indien meinen Eltern mitgab.)

„To whomsoever it may concern." – „Wen auch immer es betrifft."

Birth Certificate – Geburtsurkunde

Sie denken, der Satz **„TO WHOMSOEVER IT MAY CONCERN."**, zu Deutsch **„Wen auch immer es betrifft."**, sei bloß eine Kapitelüberschrift?

Wissen Sie, und den Satz werde ich gewiss immer wieder wiederholen: *Manchmal brauchen Menschen oder Situationen keine „Eigensatire/Eigenparodie", denn das Leben ist der beste Autor dafür.* Eigentlich kann ich meine angehende Schriftstellerkarriere gleich an den Nagel hängen, bevor sie überhaupt begonnen hat, denn diese „Geschichte" über meine Papiere und darüber, wie alles vonstattenging und auch immer noch -geht, ist sowieso nicht zu toppen.

Zurück zum Thema, liebe LeserInnen: Ich darf hiermit mit „gutem Gewissen" bestätigen, dass dies genauso auf meiner Geburtsurkunde, meinem „Birth Certificate" steht. Aber natürlich ohne Geburtennummer. So viel Zeit gab es eben nicht.

Weil ich gerade das gute Gewissen erwähnt habe. Ich denke mir manchmal: Was würden die Verantwortlichen eigentlich sagen, wenn man sie fragt, ob sie kein schlechtes Gewissen haben? Höchstwahrscheinlich würde man eine Gegenfrage bekommen: *Kein schlechtes was?*

Ich überlege ernsthaft, ob ich mir das nicht auf den Unterarm tätowieren lasse. Immer wenn ich mal etwas sagen will, hebe ich meinen Unterarm in Richtung des Blickfeldes meines Gegenübers, zeige drauf und fange dann an, meine Worte zu sprechen. Fast schon besser als die sogenannte sarcasm warning, die ich in einer Social-Media-Gruppe oft hinzufügte, sodass man mir nicht den Wetterbericht „Shitstorm" vorhersagen konnte.

Mir ist bewusst, es gibt kein schlechtes Wetter, es gibt nur schlechte Kleidung, aber es gibt eben Menschen, die, na ja, sagen wir mal, ein anderes Humorverständnis haben als ich.

Außerdem, wenn dir 27 Jahre deine Existenz und Identität gestohlen, vorgelogen und paradoxerweise gleich gegeben wurde, hat man *eh* schon zu viel Lebenszeit verloren, und dann noch mit uneinsichtigen Menschen zu diskutieren, denen du erklären willst, wie du etwas meinst, und die es nicht annehmen wollen – LUFT HOLEN –, dafür ist mir meine Zeit zu schade.

Ist Ihnen das halbe Paradoxon auch aufgefallen? Gewiss. Ja. Ich „diskutiere" mit Menschen, ABER dafür, dass SIE mir etwas erklären, worüber es eigentlich keine Diskussion geben sollte! Persönlichkeitsrecht und so, doch ich will ja nicht arrogant wirken, indem ich mein Menschenrecht in Anspruch nehmen will.

Ja, das wäre auch 1994 und, ja, auch in Indien zu der Zeit ein Recht gewesen. Sachen gibt's.

Chapter Two

Schuld

Kann man jemandem oder sollte man jemandem die Schuld geben? Immerhin geht es ja nur um eventuell nicht mehr nachweisbare „Irrtümer" oder „Lappalien" oder um „nimm dein Schicksal hin und sei dankbar, dass du deine Erste-Welt-Land-Situation hast" – oder wie nennen die das wohl?

Man kann ja nur Geld oder Gegenstände stehlen. Steuern hinterziehen und Drogen verkaufen und was es sonst noch alles gibt. Dass man ein Kind verkaufen kann oder es einer Familie entrissen wird, obwohl man nur darum gebeten hat, es zu füttern, da die Mutter vielleicht zu wenig Mittel hatte oder zu wenig Milch, dass glauben wenige. (Oder sollte ich sagen: Es wollen wenige wissen?) Viele halten das vielleicht auch nicht einmal für ein Verbrechen. Zumindest die mitwissenden Verantwortlichen finden das **„völlig okay"**.
Nein. Nicht okay. Das ist Diebstahl. Das ist ein Verbrechen. Es ist menschenrechtsberaubend und kriminell, Menschen zu stehlen. Ob man dafür Geld nimmt oder nicht. Zu stehlen und dann eventuell zu verkaufen, wegzuschicken, herzugeben, ist kriminell. Identitätsberaubung, Wurzeln abzureißen, den biologischen Eltern zu drohen und den Kindern einzureden, dass sie ungewollt waren und existenzruinierend, ist ebenso **alles andere als „völlig okay"**.

<u>**GEGEN LEGALE ADOPTIONEN und von den biologischen ErzeugerInnen GEWOLLTE ADOPTIONEN habe ich nichts einzuwenden!**</u>

Da man damals „alles und allen glaubte" – sei es der Justiz in den jeweiligen Ländern, der Adoptionsgesellschaft, den Adoptiveltern und, ja, selbst dem Adoptivkind –, wurde auch wenig(er) nachkontrolliert und somit konnten Menschen ihren „Kinderwunsch" erfüllen. Sprich, es stand der **Adoption*** nichts mehr im Wege.

* Sie mögen sich jetzt denken: „Ja und, Adoption ist doch etwas Großartiges. Gerade wenn man aus einem Land wie Indien stammt und dann in ein privilegiertes Land wie das unsere kommen darf/kann."
Ja, ich stimme Ihnen zu, zumindest bis zu einem gewissen Grad, denn gewollt war dies alles nicht. Ich höre die unterbrechende Frage gepaart mit einer Aussage und Feststellung: „Ja, wer will schon sein Kind zur Adoption freigeben? Wirklich gewollt ist dies eher selten!" Auch diese Frage möchte ich beantworten. In Indien, dort, wo ich angeblich herkomme, da will man das aus verschiedenen Gründen. Oder ich sollte sagen: *Man muss es wollen.*

Aufgezählt, nicht nach Wertigkeit oder Problemintensität gereiht, wären das zunächst:

Natürlich gilt das wohlgemerkt nur für jene, die das betrifft, und NICHT für ganz Indien oder jede Adoption. Ich möchte NICHT verallgemeinern!

– Das Geschlecht des Kindes. Wobei das weibliche Geschlecht jenes ist, das nicht „gewollt" (oder sollte ich sagen: gebraucht) wird, aufgrund eines Kastensystems, das staatlich sogar verboten wurde, aber trotzdem immer noch Realität ist. Was Hand in Hand mit jenem Grund geht, dass man somit auch eine sogenannte Mitgift bei der „Verehelichung" an den Ehemann zahlen muss.
– Eine Kettenreaktion ergibt sich daraus, dass die armen Menschen, zum großen Teil gefangen in einer von Generation

zu Generation weitergegebenen „Menschenwerthierarchie", nicht einmal anerkannt oder gar als wertvoll betrachtet werden, wenn sie Frauen sind und ebenso selbiges Geschlecht gebären.
- Das wiederum führt dazu, dass man Frauen in indischen Slums die Kinder einfach wegnimmt. Denn laut Eigenrecherchen wären es „diese armen Menschen nicht wert".
- Es geht somit nicht um das Kindeswohl an sich, sondern darum, dass die meisten aufgrund fehlender Verhütungsmittel und/oder nicht gewünschten Geschlechtswunschergebnisses ihre Kinder abgeben **müssen oder sie sogar abtreiben, bis hin zu Kindsmord.** Tragischerweise haben die Mütter bei ihren eigenen Kindern oft gar kein Mitspracherecht, wenn es darum geht, diese behalten zu dürfen oder eben „nur" vorübergehend in ein Kinderheim zu geben. Es sind oftmals die Schwiegereltern oder der Ehemann der Schwangeren, die jene Entscheidung, gerade in den ärmeren Umgebungen, treffen.
- Warum tun sie das? Weil ihnen die Mittel fehlen. Wenig bis gar kein Geld, schon gar nicht für Medikamente, falls das Kind krank wird. Manchmal, so passiert es ja häufiger als bekannt, produziert aus hier nicht relevanten Gründen der weibliche Körper zu wenig Milch für das Neugeborene. Ohne Geld kann man dem auch nicht entgegenwirken. Die Mitgift bei der Verehelichung der eigenen Tochter an den Ehemann spielt wie schon erwähnt ebenso eine große Rolle. Es bleibt somit nur eine vorübergehende oder eine komplette Abgabe des Kindeswohles in Hände, von denen oftmals geglaubt wird, dass sie wirklich helfen würden.
- **Man gibt sich, obwohl die Schuldigen klar sind, als AdoptantIn oder als Adoptiveltern selbst die Schuld. Auf ewig während. Wie so oft im Leben werden die wahren Verantwortlichen niemals dazu stehen, was sie getan haben. Auch nach dem Geständnis, das ich von dem Täter höchstpersönlich erfuhr, würde er niemals „freiwillig" die Beweise rausrücken.**

Chapter Three

Wo Kommst Du Ursprünglich Her?

„Ja, das wüsste ich auch nur zu gern", würde ich oftmals gerne sagen und um ehrlich zu Ihnen sein, manchmal sage ich das auch. Immerhin haben viele von uns Adoptierten keinen Plan davon, woher sie URSPRÜNGLICH kommen. Es wird oftmals wie ein Staatsgeheimnis behandelt, selbst wenn es eines von diesen irrwitzigen Menschenrechten wäre, an diese Information zu kommen, wird noch Fangen mit uns gespielt. Warum auch immer.

Ganz ehrlich? Es kotzt einen manchmal schon richtig an, um es wirklich salopp zu formulieren. Immerhin ist es eben ein ernst zu nehmendes Menschenrecht, wie jedes andere Menschenrecht ebenso.

Ich werde hier kein Blatt vor den Mund nehmen und, nein, ich bin kein Hassprediger. Vielleicht ein enormer Zyniker, ja, das stimmt, aber Hassprediger wohl eher weniger. Es kotzt einen an, keinen einzigen oder nur wenige Anhaltspunkte zu haben. All die Lügen oder „Wahrheitsverdreher", die dir manche Verantwortlichen auftischen, zeigen dir einfach von Anfang an, wie egal du **ANGEBLICH** bist. Wie ignorant und machtgeil diese widerwärtige Menschheit manchmal sein kann. Hey, den einzelnen Menschen mag ich, aber sind wir doch mal ehrlich, die Menschheit als Kollektiv? Well, da gibt es eindeutig bessere, na ja, nennen wir es mal: Konstrukte. Selbstwert? Das hast du so gut wie gar nicht und wenn, kommt er dir immer wieder abhanden und du musst von Neuem beginnen. Dazugehörigkeit, die gibt es an sich schon, allerdings wie willst du dich komplett wohl und geborgen fühlen, wenn du dich fremd fühlst? Ja, das tust du! Man fühlt sich oft fremd oder wie eine gespaltene Persönlichkeit. Du hast den einen Teil in dir – und den anderen. Der eine fühlt sich so „aufgedruckt" und geformt an und der andere ist ununterdrückbar, zumindest kann man ihn nicht lange unterdrücken, und dann, siehe da, ist er stärker als je zuvor und du weißt nicht, was du jetzt damit anfangen sollst. Du fühlst dich manchmal sogar lächerlich, weil du ja kein richtiger „Nationalität bitte einfügen" bist, dich trotzdem paradoxerweise einfach zu Hause fühlst, obwohl es dir so fern ist.

So nah, aber doch so fern. Die Menschen, deren Gestik und Mimik, deren Mentalität, deren Kultur, deren Handhabung, allerdings irgendwie weißt du für dich, dass du dahin gehörst. Es zieht dich magnetisch an und du willst DAHIN, obwohl du vielleicht NULL AHNUNG davon hast, wo **DA** eigentlich ist.

Ich kann mich früherer Kindheitserinnerungen genauestens entsinnen. Es war der Hospitalismus, den ich an den Tag legte. Mein Adoptivvater kam stets zu mir und meinte: „Nein, das musst du nicht mehr tun. Du hast jetzt ein Zuhause und eine Familie. Du bist nicht mehr im Kinderheim mit den vielen anderen."

Aber bin ich oder sind wir das wirklich nicht mehr? Haben wir dieses Kinderheim wirklich verlassen?

Ich denke, dass viele von uns das nicht wirklich haben. Dass viele dieses Gefühl haben, aber es nicht in Worte fassen. Viele von uns haben weder das Land noch dieses Heim seelisch, mit dem Herzen und mit dem Geiste verlassen.

Wir sind hier gemeldet, ja, und wir haben womöglich ein Dach über dem Kopf und vier Wände, die uns umgeben, hingegen wirklich hier angekommen? Ich bezweifle es in so manchen Fällen.

Natürlich könnten Sie jetzt sagen, dass man vielleicht schon eine eigene Familie gegründet hat, aber auch da kann uns dieses Thema sehr schön reinpfeffern. Nichts gegen Pfeffer, doch zu dem Thema komme ich etwas später.

Chapter Four

Legalisiertes Stockholmsyndrom

Liebe LeserInnen, mir ist klar, dass dieser Titel höchst provokant und kontrovers zu dem Rosarote-Brille-Blickwinkel der Gesellschaft auf das Thema Adoption ist. Gerne würde ich Ihnen erzählen, dass ich ja gar nicht provozieren will, aber dem ist nur zum Teil so und ich lüge ungern. Ich könnte es auch gar nicht gut. Wer meine Mimik kennt, und vor allem mein verräterisches Gesicht, weiß, dass mir dazu die Gesichtszuggleise fehlen. Ich habe kein Pokerface. Außerdem schreibe ich dieses kurze Buch, um die Realität ans Licht zu bringen und nicht um einen Bollywood-Film zu konstruieren, in dem wir stundenlang durch die Gegend rennen und am Ende alles wieder gut wird. Nichts gegen die Bollywood-Industrie, doch ebenso dazu habe ich eine eigene Meinung. Dazu ebenfalls später.

Das Buch trägt den Titel „Legalisiertes Stockholmsyndrom" deswegen, weil ich finde, dass – vorausgesetzt, eine Adoption läuft so illegal und verfälschend ab wie in vielen Fällen –, es von der Welt legalisiert wird zu kidnappen UND man muss sich mit seinen „KidnapperInnen" anfreunden.

Nein, ich spreche den Adoptiveltern hiermit NICHT ab, dass sie damit Gutes wollen, und ich habe mich recht am Anfang schon kurz und bündig zum Thema Adoption geäußert. Somit habe ich mich bereits gerechtfertigt und möchte meine Zeit nicht damit verschwenden, es noch einmal zu tun.

Was ich mit dem Titel sagen will, ist, dass man eben herausgerissen wird, niemand wirklich auf das System geschaut hat beziehungsweise nicht genauer hinsehen wollte ODER doch kurz hin- und dann gleich wieder weggeschaut hat. Vielleicht hat man es auch gutgläubig hingenommen. Wir werden es wohl nie erfahren. Auf was ich hinauswill, ist, dass man es erlaubt, wildfremden Menschen, mit denen man oftmals nur durch Schriftverkehr und eine Prüfung des Staates in Kontakt ist, erlaubt, die Vormundschaft für das oftmals nur angebliche Waisenkind zu übernehmen. Der Adoptionsvorgang wird dann dem jeweiligen Land überlassen, in welches das Kind eben kommen soll. Wirklich nachgefragt wird da nicht. Das Kind wird in den meisten Fällen adoptiert und die Sache ist erledigt. Wobei ich auch schon gehört habe, dass Kinder zurückgeschickt werden, weil es „doch komplizierter" ist, als man es sich vorgestellt hatte. Was machen diese Menschen eigentlich, wenn sie selbst ein Kind produzieren und das tatsächliche Eltern-Dasein dann ebenso kompliziert wird? (Oftmals trennen sich die Eltern, das Kind kommt in ein Pflegeheim oder in ein Heim für schwer Erziehbare, obwohl sie es anfangs gar nicht waren – schwer erziehbar –, es aber aufgrund von menschlicher Inkompetenz so weit kam, dass es für die Kinderseele zu viel wurde und sie wirklich auf schiefe Bahnen gelangt. Das gilt natürlich nicht für alle und kann nicht pauschalisiert werden!)

Glatt hätte ich es vergessen: Oftmals wird über uns Adoptierte oder Heimkinder geredet, als wären wir Tiere aus dem Tierheim. Gerne werden wir mit Hunden verglichen. Man weiß ja nicht, was denen davor passiert ist, und daher weiß man nicht, wie gestört oder verstört das Lebewesen sein kann.

Ich könnte kotzen bei solchen Aussagen. Oder wie ich privat gerne sage: „Da steigt mir der Ranz auf!"

Also, um auf das eigentliche Thema zurückzukommen: Mit dem legalisierten Stockholmsyndrom meine ich, dass wir Adoptierten, die nichts mitzureden haben, weil wir entweder der jeweiligen Sprache des Landes, in das wir kommen, noch nicht mächtig oder einfach zu klein sind, Babys, um überhaupt irgendetwas sagen zu können, sehr wohl etwas mit zu reden haben. Wir gehören, gehört, wie jeder andere Mensch auch.

Ich kann mich zum Beispiel erinnern, dass ich gerade anfangs ein großes Problem mit Familienfesten hatte. Ja, klar, jetzt könnten Sie sagen, das hat jedes Kind. Es ist am Anfang schüchtern und dies das und genau aufgrund dieser Denkweise haben sich bei mir weitere Issues gebildet. Immerhin tauen andere Kinder auf und ich selbst saß nur da, am besten zwischen den Adoptiveltern, und traute mich bis ins Jugendalter nicht wirklich, mir selbst Essen zu nehmen oder gar nachzunehmen.

Ich hatte Gedanken wie:
– „Das habe ich nicht verdient, die Weißen bekommen zuerst."
– „Ich bin doppelt Gast und möchte lieber mit dem kleineren Teil der Menschen zusammen sein, die ich sonst immer sehe."
– „Zu Weihnachten und zum Geburtstag habe ich die Geschenke nicht verdient. Wieso bekomme ich überhaupt welche?"
– Mein Verhalten wurde stets mit „das Kind ist trotzig, quengelig" oder „das Kind spinnt" abgetan.

Dass ich das so offen hier schreibe, liegt einzig und allein daran, dass andere Adoptivkinder sich vielleicht jetzt weniger allein fühlen, sich wiederfinden können oder Menschen, die mit dem Thema wenig zu tun hatten oder einen anderen Blickwinkel darauf haben, vielleicht einen Einblick bekommen, wie es denn noch sein könnte.

Sie sehen, ich will gar nicht wirklich provozieren, ich will sensibilisieren. Auch wenn ich voll und ganz zu dem Buchtitel stehe, weiß ich selbst nicht, wie weit ich reifen werde oder ob ich in zehn Jahren immer noch so denken werde. Außerdem, Butter bei die Fische, in der heutigen Welt, beziehungsweise seitdem es RevoluzzerInnen gibt, bekommt man ohne einen „Aufschrei" kein Gehör. Ich würde mich zwar selbst nicht zwingend als Revoluzzer bezeichnen, aber eine rebellische Art und Weise und Mentalität habe ich ohne Zweifel.

Man liebt seine Familie als Adoptivkind, wenn man Glück mit der Familie hat. Ich nenne sie mein Glück im Unglück. Aber ich bin mir sicher, dass es nicht viele gibt, die dieses Glück im Unglück haben oder hatten. Wie viele Misshandlungen, psychisch oder physisch, allein wegen dieses Konzepts des legalisierten Stockholmsyndroms erduldet werden mussten, ist unklar.

Ebenso unklar ist, wie viele noch ignoriert werden.

Wie viele es gibt, die innerlich tot sind, wenn sie sich nicht sogar suizidiert haben. Die Suizidrate bei Adoptierten ist enorm hoch. Jeder Suizid und Tod sind furchtbar, und viele davon hätte man verhindern können …

Aber wie so oft im Leben ist man gerne aus Angst, Unwissenheit oder sonstigen Gründen blind und gehörlos gegenüber Hilfeschreien. Es wäre schlimm, wenn es für immer und ewig tatenlos bliebe.

Chapter Five

Resignation in Isolation

Man befindet sich in einer fremden Welt, voll fremder Kultur, voll fremder Gerüche und Eindrücke, die Menschen hier reden so anders. Ich bin zu klein, um wegzurennen. Wie komme ich hier eigentlich her? Wieso fragen die anderen, ob das wirklich meine Eltern sind? Wieso verhalten sich die Menschen anders, wenn sie mit mir reden, als wenn sie mit den weißen Kindern reden? Was heißt Neger? Ich bin nicht das „echte Kind"? Fragen wie diese stellen sich fast alle Adoptierten seit jeher. Zum Thema Rassismus kommen wir in Kapitel sechs.

Hier soll ein Einblick gegeben werden, wie unterschiedlich Dunkelhäutige oder Menschen mit anderer Herkunft, Adoptierte im Speziellen, behandelt werden und welches Leid dieses Thema mit sich bringen kann.

Aus vielen Gesprächen ergab sich mir ein interessantes Bild, das ich mir nicht selbst ausmalte, sondern das mir gezeigt wurde. Viele Dunkelhäutige oder ursprünglich aus einem anderen Land kommende Adoptierte wissen tatsächlich lange nicht, dass sie adoptiert sind. Auch jene, die als Einzige oder Einziger in der Familie einen dunkleren Teint haben, sehen ganz lange nicht, dass sie adoptiert sind. Ob sie es wirklich nicht sehen oder nicht sehen wollen oder es gar ein Selbstschutz ist, sei dahingestellt. Erst durch diese unbändigen Fragen, wieso sie dunkel sind und ihre Familie nicht, wird es ihnen von Mal zu Mal auf unheimlich verletzende Art vor Augen geführt.

Für mich persönlich war immer klar, dass ich nicht von dieser DNA abstamme. Man sagt oft, dass Babys nichts mitbekommen und es egal ist, was man vor ihnen treibt. Das glaube ich nicht. (Außerdem weiß man bei mir sowieso noch nicht, ob ich wirklich als Baby ins Heim kam. Vielleicht lebte ich länger als geahnt bei meiner Mutter.) Möglicherweise kann man sich nicht mehr bildlich daran erinnern, aber das Gefühl und das, was es mit einem macht, bleiben sehr wohl verankert. Ich dürfte somit den Übergang mitbekommen haben. Anders kann ich mir es nicht erklären. Auch meine Adoptiveltern bestätigten mir immer wieder, dass ich nie nach dem OB gefragt habe, sondern stets nach dem WARUM. Ich wollte nie wissen, OB ich adoptiert bin, das wusste ich, allerdings wollte ich immer wissen, WARUM.

Als ich Antworten bekam, waren es stets die Antworten, die sie selbst bekamen. Im Grunde sage ich meinen Adoptiveltern stets: Nicht nur die Adoptierten, bei denen es nicht mit der ganzen Wahrheit oder eben mit gar keiner Wahrheit zuging, wurden betrogen, sondern oftmals beide Elternparteien, die biologischen und die Adoptiveltern. Es kommt natürlich darauf an, ob die biologischen Eltern wirklich der Herkunftsangabe entsagt haben oder nicht.

Das Leben für jene, in dem fast alle oder eben alle angelogen wurden, baut sich also auf Schall und Rauch und wir wissen doch, wie ungut es im Grunde ist, wenn man auf Luft aufbaut. Das Konstrukt ist zum Scheitern verurteilt und stürzt irgendwann in sich zusammen.

Isoliert ist man somit nicht nur von der Wahrheit. Man ist von der eigentlichen Herde getrennt und irgendwo im Nirgendwo dem, was man bekommt, ausgesetzt.

Zu blöd nur, dass die Menschheit eben dazu neigt, sich nur mit dem zu beschäftigen, was sie selbst angeht. Oftmals, nicht immer natürlich. Meist ist es so, dass die Menschheit alles, was weit entfernt ist, zwar als schlimm und tragisch empfindet und mit angeblich emphatischen Stereotypen abarbeitet, aber solange es nur das Fremde, Weite betrifft, geht es uns doch nichts an, oder?

Bestes Beispiel der Neuzeit: Covid-19. „Tragisch, aber was soll man machen?", war die Reaktion am Anfang, als es angeblich nur China betraf. So wie dieses Virus immer näher und näher kam, bekamen die Menschen es logischer- und verständlicherweise mit der Angst zu tun. Die zwei P-Wörter waren angesagt. Pandemie und Panik.

So verhält es sich auch mit anderen Themen auf der Welt, darunter unangenehme Situationen bezüglich illegaler Adoption, Kinderhandel etc. Ich frage mich: Wenn ich jetzt ein armes kleines indisches Kind aus den Slums abfotografiere und voyeuristisch darstelle, und dann noch um Spenden bitte, wie ist es dann? Ob ich mehr Euros für das Kind zusammenbekäme als Leser/Gehör für dieses Thema? Nennen Sie mich ruhig ein pessimistisches, zynisches, schwarzhumoriges, selbstgerechtes, kleines, penetrantes Arschloch, aber ich will wirklich darauf hinaus, dass viele Menschen sich gerne darauf einen runterholen, Spendengelder auszuzahlen, um ihr schlechtes Gewissen des privilegierten Geistes zu befriedigen und somit zu beruhigen. Hey, einmal im Jahr geht das, am besten zu Weihnachten. Zählt übrigens ebenso für die Tierwelt. Mit putzigen Babyfotos von Tierchen mit großen Glupschaugen, und wir spenden. „Geht scho, gemma Vollgas!" Keine erwachsenen Leidenden bitte. Das will keiner sehen.

So ist es oft bei Adoptiveltern übrigens. Sie versuchen, mit materiellen und finanziellen Dingen das Leid zu stillen. Klappt nur nicht ganz. Die Leere kann dadurch nicht gefüllt werden, der Schmerz nicht gestillt, die Gedanken nicht verdrängt und die Issues nicht behandelt werden. Hoppla, da ist wohl was schiefgelaufen, würde mein Internetbrowser jetzt sagen.

Natürlich geben viele Adoptiveltern ihr Bestes, aber ich sage seit jeher, dass das gedachte Beste nicht immer das Beste ist. Man kann, so gern man das will, der/dem Adoptierten nicht das geben, was ihr/ihm genommen wurde. Man kann das Leben erträglicher machen, ja, durchaus, allerdings diese andere Seite, welche wir Adoptierten selbst versuchen abzustoßen, weil wir oftmals das Gefühl haben, diese Welt, in der wir jetzt sind, zu betrügen oder eben nicht dankbar genug zu sein, kann man nicht mit so etwas „heilen" oder wiedergutmachen. Wir versuchen, uns zu spalten, bis es letztendlich der Großteil der Gesellschaft für uns macht oder gar die Adoptivfamilie selbst. Absichtlich, unabsichtlich, verzweifelt und doch schon resignierend.

Es ist einerseits gut, dass man keinen Unterschied macht, aber es sollte doch in gewissen Situationen einer gemacht werden, um helfen zu können und es nicht mit der „Verliebte-Eltern-rosarote-Brille" zu betrachten und somit unabsichtlich etwas in Grund und Boden zu stampfen. Manche Adoptiveltern sowie biologische Eltern sind hingegen auch einfach ignorant. Bitte regen Sie sich nicht auf, dass ich nur von Adoptierten rede, da dieses Buch davon handelt und in einem Angelbuch wohl kaum das Thema LGBTQ+ und die damit zusammenhängenden gesellschaftlichen Probleme behandelt werden. Wobei, Marktlücke, warten Sie, ich beginne ein anderes Buch. Queere Fische. Ebenfalls interessant.

.
.
.
.

Bin wieder da. Ich kenne mich null aus mit Fischen, daher, wenn Sie die Idee haben wollen, melden Sie sich bei meinem Management.

Zurück zum Thema. Wir Adoptierten werden eben isoliert. Alles, was nicht be- und greifbar ist, ist eben oft nichts, womit sich viele Menschen befassen wollen.

Ich finde das ignorant. Höchst verwerflich und ignorant, wenn das jemand so durchzieht, da diese Menschen verdammt noch mal ein Kind von anderen auf- und großziehen und dann aber meinen, sie müssen oder wollen sich nicht damit befassen, weil das Thema zu weit weg ist?! Verdammte Scheiße, wir sind deren Fleisch und Blut und IHR WOLLTET UNS, also ist es nicht weit weg. Wir sind genau hier. DA, WO IHR

UNS HINGEBRACHT HABT! WIR SIND GREIFBAR UND ECHT. Konfrontiert euch damit oder lasst es im nächsten Leben lieber bleiben.

Ich bin dankbar, doch ich bin auch ein unbändiger Realist. Unsere biologischen Familien SIND KEINE SYMBOLE oder KOMPLETT FREMD. WIR WERDEN (manchmal) NUR ENTFREMDET! Wenn wir schon beim Thema „fremd" sind …

Chapter Six

(Alltags-)Rassismus

Sie lesen nun ein paar meiner persönlichen „Favoriten" an Fragen oder Aussagen, die einen entweder nerven oder amüsieren. Manchmal sogar beides zugleich.

- Kennst du Shah Rukh Khan? (Ich musste den Namen googeln, so viel dazu.)
- Uuuh, Indien! Schön! Bollywood!
- Uuuh, Indien! Chicken Curry!
- Du kannst sicher urscharf essen!
- Du kannst sicher auch Bollywood tanzen!
- Kannst du auch so lustig reden wie Inder, wenn sie Englisch reden?
- Isst du Rind?
- Hahahaha, wo ist denn dein Punkt auf der Stirn?
- Der Punkt auf der Stirn ist eine Zielscheibe.
- Hahahaha, wackelst du auch so lustig mit dem Kopf?
- Schläfst du auch mit weißen Menschen? (Fast ausschließlich. Die Trefferquote dafür ist einfach höher.)
- Du erinnerst mich an Raj Gumpadelampidi von Big Bang Theory! (Rajesh Koothrappali!)
- Du hast sicher urviel Geschwister und eine urgroße Familie.
- Deine Eltern sind sicher streng.
- Ich muss dann aber nicht nach Indien ziehen, wenn wir verheiratet sind? (Nein, aber ich tue es dann freiwillig, weil ich WEIT WEG VON DIR SEIN WILL!)
- Kannst du Indisch? (Was? Kannst du Indisch? Indisch tanzen? Indisch kochen? Was WILLST DU? Ach, du meinst eine indische Sprache? Oh mein Gott. Wel-

che von den VIELEN INDISCHEN SPRACHEN
MEINST DU!?!)
- Du hast den Rhythmus sicher im Blut!
- Du kannst sicher singen!
- Du beherrschst sicher das Kamasutra.
- Was würdest du tun, wenn du mit einer Kuh verheiratet würdest?

Das Ironische an der Sache ist, dass ich ein paar Klischees wirklich erfülle, auch ein paar von denen, die ich jetzt nicht aufgelistet habe.

Ja, man sagt mir, ich könnte singen, dass ich den Rhythmus im Blut hätte, ich esse wirklich selten bis gar kein Rind und ich kann relativ scharf essen. Aber hey, ich kann nur brockenweise Hindi sprechen, ich kann es nur spärlich imitieren, wie InderInnen Englisch reden, und ob ich viele Geschwister und Verwandte habe, kann ich selbst nicht sagen. Zumindest derzeit nicht. Ist aber eine gute Frage.

Ich gebe zu, ich mache mir sehr gerne einen Spaß daraus, wenn man mich rassistisch beleidigen will oder mir mit Alltagsrassismus kommt. Tausend Mal funktioniert es super, es mit Sarkasmus, Zynismus und bösem schwarzem Humor zu meistern, aber beim tausendsten Mal kommt etwas retour. Russisches Rassismus-Roulette, mit einem Lauf von tausendundeinem Plätzen. Wobei, eigentlich ein fades Spiel, weil es eben absehbar ist. Nur für das Gegenüber nicht. Also ein bisschen Spannung ist doch dabei. Man muss es sich nur wieder positiv drehen oder so. Eher oder so.

Chapter Seven

Geschichten, erzählt von einem angeblichen Asylanten, der nichts arbeitet, ABER gleichzeitig allen die Arbeitsplätze wegnimmt.

Wien, vor ein paar Monaten, wo ich angeblich erst 17 war, weil ich es immer wieder versuchen werde, mich jünger zu machen. Die Wahrheit ist, dass ich zu dem damaligen Zeitpunkt 17 Jahre alt war und es aber nicht zwingend erst ein paar Monate her sein kann. Also, wo waren wir? Ach ja, Wien, Jahre zuvor, ein paar Stationen vor der 57-A-Busstation, Esterhazygasse 1060, im 57 A.

Ich war also im Bus 57 A der Wiener Linien und dachte nicht viel, als plötzlich eine ältere Dame ebenfalls aktiver Fahrgast des Busses wurde. Sie sah sich im Bus um und sah, dass ein Dunkelhäutiger, also ich, sich in ihrem geliebten Bus befand, und begann furchtbar zu schimpfen. „Scheißdrecksausländer! Unser armes Österreich, unser armes Wien! Die nehmen uns die Arbeitsplätze weg, sitzen nur zu Hause und gehen nichts arbeiten!" So ihre Aussage.

Stille.

Fällt es Ihnen also auch auf, liebe LeserInnen, welches Paradoxon diese Aussage darstellt? Herrlich, oder? Mir fiel nichts Besseres ein, als sarkastisch mitzuschimpfen: „Ja, aber wirklich, die gehen NICHTS ARBEITEN UND nehmen uns GLEICHZEITIG ARBEITSPLÄTZE WEG!" Da die alte Dame lieber auf den Busboden sah als ihrem Konversationspartner ins Gesicht, wusste sie nicht, dass genau IHR FEINDBILD mit ihr sprach, und wurde somit zur JA-Sagerin und Parolen-Sprecherin.

„Alte Schastrommel": „JA! WIRKLICH, dieses arme Wien! Grausig, die arbeiten nichts und vermehren sich nur wie im Urwald, und unsere armen Österreicher ham ja nix mehr, NICHTS und faul sind s' auch, während unsere aaarmen Österreicher keine Arbeitsplätz mehr finden … Grausig. Grindig, so a Gsindl!"

Die Menschen im Bus waren anfangs entsetzt, aber als sie bemerkten, dass ich sehr süffisant grinsend antwortete, verstanden sie, wie ich das meinte, und mussten selbst grinsen. Ich muss zugeben, ich konnte die *Goschn* nicht wirklich halten und machte daher auch weiter.

Ich: „JA! SIE SAGEN ES! Dieses Gsindl, nur faul am Pudern und Nichtstun, und niemand findet mehr einen Arbeitsplatz, weil unsere Ausländer-Gsindlkinder dann auch im Alter von vier Jahren die Arbeitsplätze einheimsen. Furchtbar! Ich sag's Ihnen! Es ist NICHT auszuhalten."

Plötzlich sah mich die Omi an und sprach entsetzt: „SIE! JA! SIE! SIE SIND SELBST SO EINER! GSINDL! NEGER! SIE FAHREN SICHER SCHWARZ!"

Ich konnte das jetzt nicht so stehen lassen und meinte: „Ich fahre, wenn ich schwarzfahre, doppelt schwarz." Und hielt meinen frisch entwerteten Fahrschein in die Luft.

Omi eskalierte: „Sie Gsindl! Gehen Sie dorthin, wo Sie herkommen! Schleichen S' erna nach Hause!"

Ich: „Alles klar, Gnädigste, ich muss hier eh aussteigen, da wohn ich nämlich in der Nähe. Danke, dass Sie mich erinnerten auszusteigen. Immerhin war es eine sehr intensive, anregende Konversation mit Ihnen! Wiederschaun!"

Als ich, selbstgerecht grinsend, aus dem Bus ausstieg, dachte ich mir bloß: **„Hach. Das ist mein Wien!"**

Chapter Eight

Wiedererkennungswert

Familie hat nichts mit Blutsverwandtschaft zu tun. Dessen sind sich viele bewusst. Dennoch ist es Adoptierten NICHT verboten, sich mit ihren Wurzeln zu konfrontieren. All jene, die es uns Adoptierten verbieten wollen oder gar einzudämpfen versuchen mit Aussagen wie: „Sei nicht so undankbar denen gegenüber, die dir das Leben/die zweite Chance im Leben geschenkt haben." Meist, aber nicht immer kommen diese Sätze von Leuten, die nicht einmal einen kleinen Einblick in das Leben anderer haben. Sprich, es sind meistens jene, die nur die Fakten kennen oder sich diese selbst zusammenreimen oder eben das Familienleben der Adoptivfamilie mitbekommen. Das von mir sogenannte „Familienporträt", das viele Familien der Gesellschaft wegen versuchen aufrechtzuerhalten. Natürlich darf man dankbar und glücklich sein, dass vielleicht diese oder jene Umstände gut oder gar besser sind, aber man muss es nicht sein.

Der Einblick in das Thema ist sehr tiefgehend und so ist es der Einblick in einen Adoptierten* eben auch. Doch wie so oft sehen die Menschen vielleicht kurz hin und dann gleich wieder weg. Oft müssen Adoptierte, so werden viele getrimmt dazu, dankbar sein. Egal in welcher Hinsicht. Sie müssen dankbar sein und es wird ihnen illoyales und unsolidarisches Verhalten vorgeworfen, sollten sie sich gegen das System „Familie" auflehnen. „Sagst du den anderen, was bei uns geschieht, werden sie dich uns wegnehmen und du landest wieder im Heim! Willst du das? Willst du Mama und Papa traurig machen? Willst du die Familie kaputtmachen? Willst du, dass Menschen ein falsches Bild von uns bekommen? Geht es dir so schlecht bei uns?!" Letzteres ist eine rhetorische Frage, die du als kleines Kind, das angewiesen ist auf die Familie, um Himmels willen nicht ehrlich beantworten solltest, weil die emotionale Erpressung und die Schuldtour ansonsten weitergehen. „Wage es ja nicht, dies wahrheitsgetreu zu beantworten, denn du willst nicht wieder ins Heim. Du bist noch so klein, unschuldig und MACHTLOS der elterlichen Autorität gegenüber!", denkt man sich. Dein Blick wird leerer, weil du resignierst und gegenüber der Adoptivfamilie keine Chance hast, dich zu erklären. Solltest du es versuchen, so wird dir die Schuld für die Tränen der Mutter, die Schuld an der Frustration oder Aggression des Vaters angehängt. „Schau, deinetwegen weint die Mama wieder." „Deinetwegen will der Papa nicht mehr."

In der Schule hast du aber mitbekommen, dass es viele Kinder gibt, deren Papa weg ist von der Familie, und die Kinder reden ebenso wenig drüber, sie weinen nur. Du denkst also: „Da muss etwas dran sein."

Wenn du Reportagen siehst, in denen es um die indische Gesellschaft, Kultur oder Lebensweise geht oder du indische Menschen auf der Straße siehst, dann suchst du automatisch Blickkontakt, oder du versuchst, diesen zu vermeiden. Oftmals versuchen Adoptierte aber, Vergleiche zu ziehen. Sie merken, dass sie anders sind. Sie bemerken aber dann auch oft, dass es enorme Ähnlichkeiten gibt. Die Mimik, die Gestik, die Art und Weise, mit dem Blick zu reden. Die Stimmlagen, die Art und Weise zu denken. Es fühlt sich so vertraut und trotzdem so fremd an. Wurde dir doch gezeigt, über all die Jahre, dass du nun diese oder jene Nationalität hast und daher bitte vom Grundsatz alles, was diese oder jene Nationalität besitzt und ausmacht, auch hast und annimmst. Wo denken wir hin, dass eine beispielsweise österreichische Familie eine/einen Hindu aufzieht? Was denken sich diese Menschen? Vielleicht: **„ÖSTERREICH IST EIN KATHOLISCHES LAND, ALSO NEHMEN WIR DIR DEINE RELIGION BITTE AUCH**

NOCH WEG. Sonst haben wir dir nicht vollständig das BESSERE LEBEN geboten!"
Aus Gesprächen erfuhr ich, dass dies teils stimmt. Ebenso durfte ich erfahren, dass sich manche, Tatsache, NICHTS dabei gedacht haben. Laut Aussagen „war das selbstverständlich". Da frage ich mich natürlich, ob das nun ein gutes oder schlechtes Zeichen ist. Meiner Meinung nach ist es erschreckend, dass es so selbstverständlich ist oder war. Ob die/der Adoptierte die ursprüngliche Religion nun auslebt oder nicht, sei dahingestellt, da es in meinen Augen nicht relevant ist. Es geht eher darum, dass Menschen anderen Menschen wirklich alles nehmen, was deren ursprüngliche Identität ausmacht.

Natürlich habe ich die Hoffnung, dass Betroffene, die das Buch lesen, sich wiedererkennen und eventuell einen Einblick, einen anderen Blickwinkel auf das Thema oder sich selbst bekommen. Ich gebe die Hoffnung nicht auf, aber es ist auch Angst vorhanden, dass sich die heilen Welten des Adoptionsregimes gegen mich wenden und mich in der Luft zerreißen. Dabei hätten sie keinen Grund dazu, denn ich habe nichts gegen Adoptionen, wo es das wirkliche Glück ist. Ich bin nicht vom Grundsatz gegen das System. Nur gegen das Illegale und Verfälschende dahinter. Wo uns Identität geraubt wird. Wo wir angelogen werden bezüglich unseres Ursprungs. Wo wir getrimmt werden und unterdrückt. Wo Frauen/Familien die Kinder weggenommen werden, nur weil sie womöglich **Dalits*** sind, oder aus welchem Grund auch immer man meint, bestimmen zu dürfen, dass man Kinder, die nur in Obhut und vorübergehend ins Heim abgegeben werden, zur Adoption freigibt.

„* Dalit: Dalit ist die gängige Bezeichnung der untersten Gruppen der hinduistischen Gesellschaft, die nach der religiös-dogmatischen Unterscheidung im Hinduismus zwischen rituell „reinen" und „unreinen" Gesellschaftsgruppen innerhalb des indischen Kastensystems als „Unberührbare" und „Kastenlose" gelten. Die gesellschaftspolitische Einordnung

der Dalits gehört in einem größeren und gröberen Zusammenhang zur Konstruktion der beiden Großgruppen Arier und Draviden, Dalits werden partiell mit den Nachfahren der indischen Ureinwohner assoziiert."
Quelle: WIKIPEDIA

Zurück zum Eigentlichen. Natürlich denke ich mir, dass es viele geben wird, die sich wiederum denken, dass man „sie schlechtmachen müsse", doch dem ist ebenso wenig. Sollte man sich darin widerspiegeln, gerade Adoptiveltern, welche womöglich die gleichen oder (inhaltlich) ähnlichen Sätze benutzen, ist das nicht meine Schuld. Ich möchte Adoptivkinder mit diesem Buch NICHT von den Eltern wegreißen, nein, ganz im Gegenteil. Wenn ich etwas bewirken möchte, dann dass

1. dieses Scheißsystem endlich ans Licht kommt,
2. sich Adoptivkinder gesehen und verstanden fühlen,
3. Adoptivkinder vielleicht einen klareren Blick, ohne Furcht, damit etwas Schlechtes zu tun, bekommen,
4. ein klärendes Gespräch mit den Betroffenen ermöglicht wird, weil vielen oft die Worte dazu fehlen und es umso schwerer wird, in diesem schnelllebigen Alltag die Aussage und vor allem den Nachdruck des Inhalts zu vermitteln.

Viele brauchen den Wiedererkennungswert, weil wir seit Jahrhunderten in einer Gesellschaft festhängen, wo der Mensch es sich nicht erlaubt, Sachen zu fühlen, zu denken, die keiner Norm entsprechen. Auch in der abnormen Thematik kann es eine „Norm" geben, sofern diese erklärbar ist. So tickt der Mensch meiner Ansicht nach. Gibt es keine Erklärung oder findet man keine – bei der Adoptionsthematik ist es oftmals so, dass es an der fehlenden Reflexion liegt –, ist es „nicht in Ordnung" oder „gestört" oder „etwas, womit man sich lieber nicht befasst, denn was der Mensch nicht kennt, ist fremd und fremd ist ja oftmals schlecht".

Chapter Nine

Folgeschäden – was es nach sich ziehen kann

- Probleme mit Stille und paradoxerweise Angst vor Lärm
- Selbstverletzung/selbstzerstörerisches Verhalten (Weil beispielsweise der unendliche Menschenwert, den das Kind besitzen und fühlen MÜSSTE, nicht vermittelt wurde, indem es wie ein „Charity Goodie" an eine „reichere Gesellschaft" abgegeben wurde. Dies kann aktiv oder eben passiv stattfinden.

AKTIV:

- Gegen sich selbst schlagen.
- Sich aufschneiden.
- Alkoholismus und Konsum von illegalen Drogen.

PASSIV:

- Eine Krankheit zu haben und sich nicht dementsprechend darum zu kümmern. Abfallende schulische Leistung.)
- DEPRESSIONEN/psychische Erkrankungen
- HOSPITALISMUS! Viele denken, man muss lange genug unter widrigsten Umständen im Heim und/oder unter heimähnlichen Zuständen verbracht haben, aber dem ist nicht so. Hospitalismus kann sich auch nach kurzer Zeit entwickeln und wenn du Pech hast und eine Traumatisierung oder gar mehrere im Nachhinein passieren, wieder oder verstärkt auftreten. Er kann aber auch einfach bleiben. Emotionale Vernachlässigung könnte ebenso ein Grund sein. Wie so oft versucht der Mensch, mit „Hab und Gut", sprich Materiellem und Finanziellem, eine Lücke zu füllen, die so einfach nicht zu füllen ist.

- Selbsthass
- Bindungs-/Vertrauensprobleme bis hin zur Sozialphobie (Weil man oftmals gezeigt bekommt, dass man anders ist. Sei es durch Rassismus oder andere Diskriminierung/Mobbing. Oftmals wird weggeschaut. Der Grund dafür ist, dass, und das soll kein Vorwurf sein, zum Beispiel „der weiße Mensch" in einer überwiegend weißen Gesellschaft nicht nachempfinden kann oder es nicht wahrhaben will, dass Rassismus, also Diskriminierung aufgrund einer anderen Nationalität/Hautfarbe, existiert. Auch da, wenn man hinsieht, kann sensibilisiert und unterstützt werden.)
- Autistische Züge
- Adoptivkinder haben oftmals das Gefühl, nur auf der Welt zu sein, um einen Zweck zu erfüllen, da den Betroffenen öfters eingeredet wird, dass sie das Familienbild bitte komplettieren sollen UND/ODER bitte so werden, wie es die Adoptivfamilie und die Organisation für sie vorgesehen haben. Sprich: ein besseres Leben führen und ETWAS WERDEN! Sollte das Leben dann doch nicht so rosig ablaufen, gibt es keinen Selbstwert, selbst wenn du andere Wege eingeschlagen hast, die erfolgreich laufen, denn das, was die wollten, bist du eben nicht. Ganz zu schweigen davon, dass es eben schwer ist, zu wissen, wer man ist, wenn man deine Identität stiehlt und womöglich sogar jene, die dir gegeben wurde, in den Boden stampft und im Keim erstickt mit entweder Ignoranz oder dem Stempel „SCHWARZES SCHAF". (Natürlich passiert das auch, wenn man es aus reinem Herzen macht und nur „das Beste will", doch wie oben schon erwähnt, ist das „Beste" nicht immer das Richtige.)
- Und vieles mehr …

Da braucht es Aufmerksamkeit und keine 08/15-Aussagen à la „ach, das Kind", „das Kind spinnt schon wieder", „das bildest du dir alles nur ein" oder „das Kind ist halt so". Weiters wäre es empfehlenswert, wenn man dem Adoptivkind nicht die Schuld gibt und „es spinnen lässt" UND von Sätzen wie „DU BIST DOCH GESTÖRT!", „DU GEHÖRST WEGGESPERRT!", „DU BIST DOCH KRANK UND NICHT NORMAL!" absieht. Dazu sei gesagt, ja, vielleicht ist es psychisch instabil, aber es damit zu beschimpfen und nichts dagegen zu tun, bringt niemandem etwas und kann grobe psychische und vielleicht sogar schwere bis gar nicht reparable Folgeschäden nach sich ziehen. Eigentlich sollten hierbei in jener Situation doch alle Alarmglocken läuten und es bedarf baldiger/sofortiger Hilfe! UND, NEIN, ICH MACHE HIER NICHT ALLES VON DER ALLEINIGEN ADOPTION ABHÄNGIG. Es sind Beispiele, Blickwinkel und Theorien. VON WO AUCH IMMER dies oder jenes herrührt, man sollte Hilfe in Anspruch nehmen, da das Seelenwohl eines jeden Menschen unendlich wichtig ist. STOP SHAMING FOR DEPRESSIONS!

Chapter Ten

Inspiriert von der Seite „Is Adoption Trauma?"

Die folgenden Sätze sind eine Zusammenfassung von Äußerungen, die mir selbst zugeteilt wurden, und Auszüge von Gedanken, die mich selbst überkamen.

Du weißt, dass du adoptiert bist, wenn ...

... du das Gefühl hast, deine Adoptivfamilie seelisch umzubringen, indem du ihr sagst, dass du aufgrund der Adoption psychisch leidest, obwohl du stets hinzufügst, dass es natürlich auch schöne Momente gab.

... du glaubst, deine eigenen Wurzeln auszurotten, indem du selbst kein Kind bekommst/zeugst.

... du nur mit weißen Männern Sex hast, weil die keinesfalls mit dir verwandt sein können, du aber die eine Inderin bereust, mit welcher du geschlafen hast, als du 17 Jahre alt warst, weil sie vom Alter her auch deine Schwester hätte sein können.

... du dich fühlst wie ein „Etwas", weil auf deiner Geburtsurkunde „To whomsoever it may concern" steht.

... du Angst hast, dass du der/die nächste Adoptierte sein könntest, der/die sich das Leben nimmt, da er/sie der Wurzelsuche und vor allem dem, was diese psychisch mit sich bringt, nicht mehr standhalten kann.

... du dich als Kind fremd fühlst, weil du zwischen so vielen weißen Menschen sitzt.

... du oder dein Bruder oder dein Vater gefragt werdet, ob du denn nicht deren Freundin/Liebhaberin bist.

... irgendwer glaubt und das auch mitteilt, dass du die „Katalogfrau" oder sogar Hure von deinem Vater/Bruder bist.

... du FreundInnen von der Schule, vom Kindergarten oder sonst wo mit nach Hause nimmst und sie dich fragen, wer denn „diese ganzen weißen" Menschen sind, die sich in deinem „Zuhause" aufhalten. Wenn sie fragen, ob deine Adoptivmutter beispielsweise die Putzfrau deiner Familie ist. (Was ich irrwitzig und ironisch finde, denn öfters passierte es umgekehrt, dass man dachte, dass ich das Au-Pair-Mädchen und/oder die Putzfrau wäre. Oder sogar die junge exotische Zweitfrau. Oder dass meine indische Familie mich an den weißen Sohn der Familie, sprich meinen Bruder, verheiratet hätte.) Ich möchte hier hinzufügen, dass ich für mich persönlich zwei Familien habe. Ich werte diese nicht in „echt" oder „unecht". Ich liebe diese Familien, bekannt oder unbekannt, beiderlei und jede/jeden Einzelnen bedingungslos unendlich. Somit widert es mich enorm an, wenn man mich fragt, ob es „okay" sei, mit irgendeiner Person meiner Adoptivfamilie zu schlafen. Es ist höchstgradig verwerflich, inzestiös und widerwärtig, so etwas nur anzudenken und dann auch noch zu fragen.

... du dich im Kindergarten, wo die Eltern die Kinder abholen mussten/wollten, schon bei den anderen Kindern und deren Eltern rechtfertigen musstest, dass das sehr wohl deine Eltern seien.

... du dir beim Skikurs anhören musst, dass du niemals Ski fahren kannst, weil „du Negerkind" das nicht so gut kannst wie „die weißen" Kinder.

... du gemobbt wirst, weil du anders bist. Sei es die Körpersprache, die Haarstruktur, die Mimik, die Blicke oder die Denkweise. Ich hielt in der vierten Klasse der Volksschule, auf eigenen Wunsch, ein Referat über Ärzte ohne Grenzen.

... du dein Bestes gibst, aber dich immer noch nicht erfüllt/wertvoll oder gar wichtig empfindest, es nicht einmal wichtig findest, dass du existierst.

... du Hass empfindest, den du nicht spüren willst, weil alles, was du dir wünschst, ein Stück weit „Frieden" ist. Der Hass, der schnell in Frustration umschlagen kann, rührt beispielsweise daher, dass man unterdrückt wurde oder einen auch die Ignoranz der verantwortlichen und beteiligten Menschen in die Verzweiflung stürzt.

... jemand zu dir sagt: „Der Hund kommt in keine andere Familie, da wir dich auch nicht weggegeben haben, als du schwierig wurdest." Oh Shit, da hat man jetzt vergessen, „dankbar" zu sein.

... du generell mit einem schwer erziehbaren Hund verglichen wirst, den man aus dem Tierheim holte.

... du dich fragst, wieso denn keiner nachschauen kommt, wie es dir in dieser Familie geht.

... du dein ganzes Leben damit verbringst, dich zu entschuldigen, dass es dich gibt.

... du stets für alles dankbar sein musst, uhm, Verzeihung, darfst!

... dir gesagt wird, dass, wenn du jemandem erzählst, wie es in deiner Familie zugeht, das Jugendamt kommt und dich ihr wegnimmt. „Willst du das?! Willst du wieder zurück ins Heim?!"

... du nach Jahren fragst, wie sie das sagen konnten, und du als Antwort bekommst: „Du warst uns zu viel, zu schwierig, ich hätte nichts anderes tun können, als dich ins Heim zu geben. Aber ich hab's ja nicht gemacht."

... dir gesagt wird, dass alles, was du fühlst oder negativ wahrnimmst, nur Einbildung ist.

... du mal wieder versuchst, dass man dir zuhört und man sich deiner annimmt, dir gesagt wird, dass alles nur Drama ist, dass die Familie es nicht aushält, dass man sich zusammenreißen muss, um mit dir normal zu reden, und du es ja angeblich nicht aushalten würdest, wenn es mal 15 Minuten nicht um dich geht. Du aber selbst weißt, dass du dein Leben lang im Schweigen verbracht hast und ihnen einfach der Fakt, dass du bei ihnen bist, schon zusetzt. „Du warst einfach zu viel." Aber sollten die biologischen Kinder ein Problem haben, dann HORCH, HORCH! Welch Unheil und wahrhaftiges Schicksal. Welch arme Wesen! Aber wartet, wenn die FreundInnen der biologischen Kinder ebenso Probleme haben und du dich daher bitte hinten anstellen und den Muttertag auch verschweigen musst, weil eine der Freundinnen ihre Mutter verloren hat.

… deine Probleme, deine Wünsche immer warten müssen, selbst wenn dein einziger Wunsch ist, dass sie dir bitte kurz zuhören.

… du dich wie ein Alien fühlst. So fremd und unverstanden, auch nach so vielen Jahren.

… dein „Ich bin in die Familie gekommen"-Ankunftsjubiläum immer weniger und mit immer weniger Personen aus der Familie gefeiert wird.

… die biologischen Kinder ihren Arsch voll von elterlichem Stolz bekommen, aber bei dir immer etwas besser zu machen wäre. DU immer etwas besser werden könntest.

… dir jemand sagt, dass du jetzt 18 bist und der Indien-Weg nur noch deiner allein ist. Sie würde dir nicht helfen, weil du jetzt erwachsen bist, gibt allerdings zu, dass sie das nur sagt, weil sie Angst hat, zu erfahren, was wirklich passiert ist. Das kann ich zu gut verstehen, ich würde es auch nicht wahrhaben wollen, jemandem „unwissentlich/unabsichtlich" das Kind geklaut zu haben.

… du dich erinnerst, dass du Angst hattest, dir in den ersten Jahren auf Familienfesten Essen zu nehmen, da du der Meinung warst, das Essen von ihnen nicht zu verdienen. Du hast dich gefühlt wie ein „doppelter Gast".

… du Weihnachten und deinen Geburtstag hasst, weil du denkst, dass du nichts verdient hast oder sogar weniger als das.

… du deinen Geburtstag hasst, weil du nicht einmal weißt, ob es dein echter Geburtstag ist, weil sie dir und deinen Eltern eingeredet haben, dass du einfach nur abgelegt wurdest. Wie ein Paket ohne Aufschrift. Selbst wenn es dein wirklicher Geburtstag wäre, fühlst du die Abneigung, da du dir wünschst, einfach nicht geboren worden zu sein.

… die Mutter alle Blutgruppen der biologischen Kinder aus dem Stehgreif weiß, aber deine nach x Jahren immer noch nicht.

… du immer hörst, dass du ohne sie NICHTS wärst oder nicht weit kommen würdest oder gar schon längst gestorben wärst.

… deine Wurzelfamilie ganz weit hinten angestellt wird, nach der Adoptivfamilie, da deine (indische) Mutter nur ein Symbol sei. Verzeihung, aber bin ich Jesus? Oder wie kann ich das Kind eines Symboles sein?!

… deine Adoptivschwester „Papa hätte nach dem dritten Kind aufhören sollen" sagt, du allerdings als Adoptivkind das vierte bist.

… die Mutter eine der Freundinnen des biologischen Kindes als ihr fünftes oder sechstes oder siebtes Kind aufzählt und du dich echt fragst: „Was ist mein Rang? Früher, wo ich nicht viel sagte und einfach nur ihr Familienbild komplettierte, war ich etwas Besonderes. Wird mir das Letzte, was bleibt, auch noch abgesprochen?"

… du dich für alles rechtfertigen musst, was du denkst, fühlst, willst, wünschst, tust. Die anderen aber nicht.

… du über illegale Adoptionen sprichst und dir gesagt wird, dass du damit verletzend bist, wenn du erwähnst, dass die Widersprüche hätten gesehen werden können.

… du für alles schuldig gesprochen wirst, es nach gefühlt 1000 Jahren immer noch hörst, doch jede/jeder andere in der Familie (auch die zusätzlichen, eigentlich nicht adoptierten Kinder) einen Heiligenschein hat.

… du dich schuldig fühlst, nur weil du Fakten aufzählst und nicht nur die Happy Family erwähnst.

… das Adoptivgeschwisterchen sagt, dass du daran schuld bist, wenn die Eltern nicht mehr können.

… du wieder einmal „abgeschoben/weggeschoben" wirst und wieder einmal im Stich gelassen. Diesmal von anderen Eltern und dennoch von dem/den gleichen Gouvernement/s. Gouvernement deswegen, weil du deine Akte nicht einfach bekommst.

… du deine Mutter rufst und sie nicht kommt. Tja, Déjà-vu.

… du versuchst, Rassismus zu erklären und ihnen zu sagen, dass du darunter leidest, sie aber kontern mit dem „Argument": „Nein, das ist nicht so. Zu uns sind sie nett!" *Klar sind sie das! IHR SEID WEISS!*
… du dich wie ein Versager fühlst, nur weil du nicht das geworden bist, was sie für dich vorgesehen haben!
… du dich in einer bestimmten Dunkelheit befindest und kein Licht findest.
… du glaubst, dass Suizid das Einzige ist, was diesen Schmerz beenden könnte.
… du Indien fühlen, riechen und erleben kannst, sie dir aber einreden, dass es nicht ginge, weil du viel zu jung dafür warst.
… dir altes Benehmen von dir einfällt, als du noch ein Kind warst. Niemals Antworten und/oder Erklärungen dafür gefunden hast, doch plötzlich vieles bis alles einen Sinn ergibt, wenn du selbst auf dem Wurzelweg bist.
… die wenigen Emotionen, die du hast, fast ignoriert werden, bis du dich letztendlich selbst nicht mehr fühlen kannst.
… du nur hörst, dass du Nerven und/oder Geld kostest.
… du von deinen Eltern hörst: „Das Projekt so und so viele Kinder ist tragisch und dramatisch schiefgegangen."
… du deine Eltern zu Ostern, zum Geburtstag, zu Weihnachten und sonstigen Tagen darum anflehen musst, dass sie dir helfen, an deine Akte zu kommen. Dass du dir deine Identität auf Raten wünschen darfst.
… am Ende des Wurzelsuche-Weges Licht ins Dunkel kommt, aber der Raum, der sich dir ergibt, dennoch leer ist, paradoxerweise voll von fehlenden Erinnerungen, und das Licht, das dir leuchtet, aus „du hättest ein Teil davon sein können" besteht, du hingegen am Ende siehst, dass du dennoch weder noch bist, obwohl du alles bist.

Also wenn Sie mich fragen, kann eine Adoption, bei der es nicht mit rechten Dingen zugegangen ist, die Identitäten und

Lebensgeschichten verpfuscht, sie verfälscht, ein erhebliches Trauma hervorrufen.

So wage ich es zu sagen, dass es unter diesen Bedingungen und mit diesem Gotteskomplex ein **legalisiertes Stockholmsyndrom** ist. Ganz abgesehen davon, dass das Wort Adoption manchmal, natürlich nicht immer, zum Synonym für Kinderhandel wird. Dazu mehr gegen Ende des Buches.
Legalisiertes Stockholmsyndrom: *„Du wirst sie lieben. Irgendwann wirst du es. Und du tust es auch, denn du hast keine andere Wahl, um zu überleben, oder du liebst sie wirklich. Man wird es nie erfahren, denn dafür ist es wirklich zu spät. Aber du bist groß geworden, mit ewiger Dankbarkeit, für jedes noch so kleine bisschen. Du fühlst dich schuldig, wenn du nicht immer wieder betonst, wie sehr du sie nicht alle liebst und dankbar bist. Sei es, wenn du es einmal wagst, etwas Negatives zu sagen, und du Angst bis hin zu einer Panikattacke bekommst, dass dich wer auch immer da oben aus dem Verkehr ziehen wird, weil du deinen Vater und deine Mutter oder generell die Familie eine Sekunde nicht ehrst und das eine Todsünde ist. Oder du einen schönen Moment hervorhebst, aber gleich betonen musst, wie bei einem Zwang, dass „ja eh alles schön war", gefolgt von: „Ich liebe sie alle gleich viel!" Denn, hey, andere Kinder, so wie du* eines von vielen *warst, würden sich eine Familie und ein Zuhause wünschen. Ja. Wir haben eine Familie, und wir haben sogar noch eine. Ob wir wollen oder nicht. Doch Zuhause? Das wollen wir bitte dahingestellt lassen. Manch eine fand ein Zuhause und manch einer blieb wo gemeldet. Am Ende bleiben viele von uns „geistige und/oder seelische" VagabundInnen. Wandernde, die der Philosophie eines Flusses gleichen. Es treibt uns, und wir haben kein wirkliches Ziel. Das unterscheidet uns vom Fluss. Wie könnten wir denn jemals ankommen, wenn wir doch angeblich nie einen Absender oder Empfänger hatten?*

Möglicherweise einer der Gründe, weshalb wir diesen Weg gehen: Weil wir wissen wollen, ob es denn wirklich niemals einen Absender gab. Um zu wissen, ob wir jemals ankommen können. Ob wir jemals ruhen können. Ob wir jemals, auch wenn nur ein Stück weit, Frieden bekommen.

Ich habe Ihnen jetzt sehr viele Gedanken und Emotionen aufgezählt, die Adoptierte haben können, aber natürlich nicht müssen. Manch eine/einer empfindet oder denkt sich davon nichts. Manche erkennen sich wieder und merken, dass sie nicht allein sind. Manche kennen alles davon. Man kann und sollte nichts und niemanden pauschalisieren. Jede und jeder hat eine eigene Stimme ... so hat auch jede und jeder eine eigene Identität. Ich revidiere und ergänze: Jede Stimme sollte gehört werden. Jede und jeder sollte eine Identität haben. Von Anfang an und ich werde nicht müde, das immer und immer wieder zu erwähnen.

----- **Die Würde des Menschen ist unantastbar!** -----

Chapter Eleven

Es folgt eine Lyrik.

„Light up your Darkness"/„Der Weg"
Noor Rox Jarurat

Du schaust jeden Tag in den Spiegel
Siehst nicht einmal, wie wundervoll du bist
Ruf den Schmerz doch in die Welt hinaus
Leide doch nicht innerlich
Hör auf, Kind!
Siehst du nicht, wie dich das Bittere zerfrisst?
LASS ES LOS – LASS ES RAUS
Du bist mehr als das!
Mach was draus!
Sie hatten kein Recht, dir jemals wehzutun
Sie hatten kein Recht!
ZEIGE DICH – NUR MUT!
JA! – DU HAST JA RECHT – DIE WELT IST GRAUSAM
DOCH DU BIST STARK UND WUNDERVOLL
Ich flehe dich an, Kind! NIMM DICH AN!
Erblicke deine Augen und zeig mir dein
Leuchten, dieses Funkeln!
BITTE SEI DEIN LICHT IM DUNKELN
GLAUB AN DICH, wie ich es mache
Es ist noch nicht gemachte Sache
Es gibt noch Chancen und es gibt noch Wege
Gib dich nicht selbst auf, oh bitte, überlege
Wirf es nicht hin und schmeiß dich nicht weg
Engel, so glaube mir!
DU BIST KEIN DRECK!

Du bist unendlich wertvoll, das steht außer Frage
Nicht nur in den heutigen, sondern auch damals
in den vergangenen Tagen!
Es wurde dir vielleicht nicht gezeigt,
war deine Seele einst unberührt
Musstest du es ertragen. Hast deren Hass und
Unzufriedenheit am eigenen Leib gespürt
Drang es durch und zerstieß deine Seele
Kind, ich bitte dich, komm aus dieser Dunkelheit!
LEBE!
Die Welt hat noch mehr zu bieten und
du bist ein wertvoller Teil
Ich reiche dir die Hand,
oder von mir aus auch ein Seil!
Auch wenn ich mit dir im Dunklen,
bis du wieder Kraft hast, verweil
Lass nicht los, so nimm meine Hand
Spüre mich und dann
Blicke dich um, die Zeit ist vorbei
Du bist nicht mehr dort
Du bist jetzt hier
Ganz nah bei mir
Lass mich dich wärmen,
bevor du erfrierst
Lass die Kälte des Bösen nicht zu
Komm aus dir heraus und gönne dir die Ruh
Von all jenen Gedanken
Lass uns gemeinsam die Kraft tanken
Ich möchte dir danken,
dass es dich gibt!
Bist du doch mein Licht, das mich erstrahlen lässt
Komm, mein Engel, halt dich nun an mir fest!
Du bist nicht allein
Ich denk an dich, lass uns gemeinsam allein sein
Doch dann, ja, wir sollten aufstehen

Und uns das Glück und die Freude,
welche wir verdient haben,
selbst geben!
Es ist nicht zu spät,
Ach Kind,
ich streichle dir über den Kopf,
küsse dich auf die Stirn
Nur zu, nur Mut ... Es wird alles wieder gut.

Chapter Twelve

Es folgt ein Artikel in zwei Teilen.

„Was fehlt"/„Es ist Heimat"

Part I
Noor Rox Jarurat

ICH HABE NICHTS GEGEN DEN GRUNDSATZ DER ADOPTION, SOLANGE SIE AUF MENSCHENRECHTEN BASIERT! KEINE IDENTITÄTEN GEFÄLSCHT ODER AUSGEMERZT WERDEN UND DAS WOHL DES KINDES AUCH GESICHERT IST! SOLANGE ES LEGAL IST!

ES SIND NICHT ALLE KRIMINELL, DIE KINDERHEIME BETREIBEN! ABER EINER VON IHNEN IST ES – UND DAS IST EINER ZU VIEL!

STOP CHILD TRAFFICKING!

STOP ILLEGAL ADOPTION!

DIE WÜRDE DES MENSCHEN IST UNANTASTBAR!

Verzeihen Sie mir bitte den einen oder anderen morbiden Zynismus im nun folgenden Artikel.

Viele Menschen, die sich wenig bis gar nicht mit dem Thema Adoption – Wege/Gedanken/Emotionen einer/eines Adoptierten – auskennen oder auseinandersetzen, glauben oftmals, natürlich nicht alle, dass die Suche nach den Wurzeln fast ausschließlich etwas mit der biologischen Mutter zu tun hätte. Dass man „halt wissen will, woher man jenes Verhalten oder körperliche Merkmal hat und wie sie aussieht", aber da steckt so viel mehr dahinter als nur die Suche nach „Mama".

Es sind die Kultur, die Architektur, die Art und Weise zu sprechen, die Mimik, die Gestik, der Klang der Stimme, die Blicke, die Körpersprache, das Wetter, die Gerüche, die Flora und Fauna, die Brise, die Gezeiten, die Werte, die Gedanken, welche sich je nach Gesellschaft unterscheiden, die Ängste, die Freuden, die Ruhe, das Chaos, die Eindrücke einer angeblich fremden Welt, die du aber nicht aus dir herausbringen könntest. Selbst wenn du es wolltest und es schafftest, es zu verdrängen, ist es tief in dir verankert. Ich mag mit dem Flugzeug, damals, 1995, in Wien-Schwechat gelandet sein, doch Teile meiner Seele, meines Geisteszustandes, meiner Gedanken und Gefühle, schlicht und einfach meines Selbst, sind dort geblieben, wo ich noch „zu Hause" war. Mag ich seit Jahrzehnten schon nicht mehr dort gewesen sein, bin ich irgendwie dennoch geblieben, weil ich etwas suche oder gar auf etwas warte? Möglicherweise habe ich es nicht mehr bildlich in Erinnerung, trotzdem sind die Gefühle geblieben.

Lassen Sie mich Ihnen das Thema zumindest versuchen näherzubringen:

Sie sind beispielsweise aufgewachsen in Kärnten und wohnen nun in Wien. Das Gefühl, auf den Straßen Wiens zu laufen, ist ein anderes als jenes, wenn Sie in Ihrer Heimat sind, oder? Die Eindrücke, die Mentalität, die Gebäude, vielleicht sogar der Lebensstil und ebenso die einen oder anderen (gesellschaftlichen/familiären) „Werte".

Bei einer/einem Auslandsadoptierten ist es nicht viel anders. Ich bin ein Wiener und österreichisch geformt, Verzeihung, ich meinte erzogen, worden. Wäre ich drübengelassen worden, wäre ich Hindu geblieben, aber da ich in Österreich aufwuchs und zu einer weißen österreichischen Familie gehöre, bin ich eben getauft worden und „musste" für den Anfang dem katholischen Glauben angehören. Dennoch kann ich mich erinnern, auch wenn nur emotional, dass es damals ein anderes Gefühl war. Der sandige Boden unter meinen Füßen, die barfuß immer wieder versuchten, Schritte zu machen. Das

Gefühl unter meinen Händen, wenn ich krabbelte, oder eben jenes Gefühl unter meinen Schenkeln, wenn ich im Schneidersitz auf dem Boden saß.

Das Gefühl, als mich die Sonne küsste, und das schöne Abendrot, das sich über das Land legte, wenn ein Tag zu Ende ging. Es kommt mir so bekannt vor. Oder sollte ich sagen: so vertraut?

Früher wurden meine Art und Weise zu gestikulieren, meine Mimik und meine Stimmlage sowie auch die Art zu essen als „irritierend" wahrgenommen. Man meinte oft, dass man mich nicht „lesen" könne. Aber lag das wirklich nur daran, dass ich privat distanziert und zurückhaltend war/bin? Oder bin ich eben einfach anders, weil ich eben anders bin? Im Nachhinein denke ich, dass sie gemerkt haben, dass ich „fremd" und eben „nicht wie sie" bin.

Ich glaube nicht, dass man Kultur, die sich über Jahrhunderte in einem Land abgespielt hat, einfach „wegmachen kann". Der Tonklumpen, auch genannt „Adoptivkind", lässt sich nicht komplett formen, da die Substanz, aus der der Tonklumpen ist, sich nicht vom Grundsatz ändern lässt!

Part II

Einige Adoptiveltern machen GAR KEINEN UNTERSCHIED zwischen ihren leiblichen und ihren adoptierten Kindern, was ja vollkommen in Ordnung ist, solange sie den Kindern LIEBE geben. Den Unterschied jedoch zu machen, SOFERN DAS KIND ES MÖCHTE, BEZÜGLICH der Herkunft und der Wurzeln, ist dennoch nötig. Die Identität des Kindes, das von woanders als diesem Adoptivfamilien-Stammbaum entsprungen ist, auszumerzen, das sollte niemals passieren. Wenn das Kind jedoch kein Interesse zeigt, muss man es ihm nicht aufzwingen. Man ist bereit, wenn man dafür bereit ist.

Man sollte auch um Himmels willen NICHT mit dem angeblichen Argument kommen: „Sei doch froh, dass du in einer

Familie bist/einem Zuhause/einem Land wie unserem." Solche Sätze können dazu führen, dass Adoptivkinder sich wirklich undankbar fühlen. Allein wenn ich mir Videotitel einer Online-Videoplattform mit ständiger Werbeunterbrechung durchlese, könnte mir das gerade gegessene Wiener Schnitzel wieder hochkommen. Titel wie „Abenteuer Adoption"?! Euer Ernst? Das ist kein Abenteuer, verdammt noch mal. Da stecken viel Arbeit und Schweiß dahinter. Seien es die Heimkräfte, die auf unzählige Kinder/Babys gleichzeitig achten müssen, wobei in dem einen oder anderen Land die (finanziellen) Mittel fehlen, sich wirklich gerecht um diese Seelen zu kümmern, oder seien es jene Adoptiveltern, die wirklich, auch wenn sehr naiv, mit massiven Folgen, den einen oder anderen Kinderstehlenden und ins Ausland Versendenden glauben, da sie sich wirklich aus reinem Herzen ein Kind wünschen. Aber Liebe allein reicht oft nicht aus. Den Situationen, die das Adoptivkind durchleben muss, muss standgehalten werden. Wie ich es hasse zu hören, dass Eltern das Kind tatsächlich wieder in die Heimat zurückgeschickt haben, weil es zu schwierig wurde, doch dies würde nun alles brechen, wenn ich diese Thematik vertiefen würde.

„Vermisst du deine Mama?", ist eine Frage, die ich nicht mehr hören kann, geschweige denn will.

Ich vermisse mein Zuhause, mit all dem, was dazugehört, mit all dem, was es hätte mit sich bringen können. Ich nenne meine Adoptionssituation das **Glück im Unglück.**

Das Einzige, was vielen Adoptierten bleibt, sind sie selbst. Wir sind der Beweis, und leider oftmals der einzige, dass wir mehr sind als das, was andere für uns bestimmt haben. WIR SIND EXISTENT, auch wenn man uns versuchte auszulöschen und neu zu programmieren. WIR SIND MENSCHEN UND WIR SIND HIER, auch wenn nicht DORT – ABER EGAL, WO WIR WÄREN, WIR HABEN RECHTE. MENSCHENRECHTE! DAS RECHT AUF UNSERE IDENTITÄT! WIR MÜSSEN NICHT AUF EWIG DANKBAR

SEIN, selbst wenn es viele von uns dennoch immer sein werden, da es eben auch Teil von uns ist. Teil von dem, was uns eingebläut wurde, ABER WIR SIND EBEN NICHT NUR DAS, WAS AUS UNS GEMACHT WURDE! WIR SIND – EIN JEMAND! Bestehend aus verstümmelten Wurzeln, die abgerissen wurden, dennoch noch in uns vorhanden sind, die sich binden mussten an eine zweite Welt. Wir durften unsere Wurzeln vielleicht lange nicht nach außen hin entfalten, doch das Innere kann uns niemand nehmen.

Ich für meinen Teil bin InderIn UND ÖsterreicherIn.

Und das ZUHAUSE ERFAHREN zu dürfen, sollte niemals ein Kampf sein. Für niemanden. Adoptiert oder nicht. ZUHAUSE SOLLTE FÜR ALLE ERREICHBAR und EIN GRUNDRECHT SEIN! Die Identität IST EIN MENSCHENRECHT!

Wir sollten alle, adoptiert oder nicht, zusammenhalten und für Menschenrechte aufstehen! Wir alle sollten EINS SEIN, mit all unseren Unterschieden. Wir alle sollten aufhören zu schweigen!

FIGHT FOR ADOPTEES RIGHTS
FIGHT FOR HUMAN RIGHTS!
FIGHT FOR FREEDOM
Facebook©-Gruppe – „LISTEN TO by Noor Rox Jarurat"

Chapter 13

Geburtstag

Der Geburtstag von AdoptantInnen kann, obwohl „der Rest der Welt" für einen selbst grad „in Ordnung" ist, allein schon ein Triggerpunkt sein. Kann, muss aber nicht. Viele kommen, adoptiert oder nicht, schon nicht wirklich mit dem Thema „eigener Geburtstag" klar. Bei AdoptantInnen ist es oftmals so, dass man natürlich darüber nachdenkt, ob man in ihren Armen lag oder man ihr gleich entrissen wurde. Was waren die Gedanken und Gefühle, die sie hatte, als sie es erfuhr oder fühlte, dass sie schwanger mit „uns" war? Wie waren die Gedanken und Gefühle, während sie schwanger war, und was empfand oder dachte sie, als sie entband? Wie ging man mit ihr um? Behandelte man sie gut? Wie muss es sein, wenn man den Atem und den Herzschlag seines eigenen Kindes, welches man neun Monate lang unter dem Herzen trug, nie wieder hören oder sehen wird? Die Atemzüge, die Blicke des eigenen Fleisches und Blutes? War es „gewollt"? Hat man wirklich jemandem, weil man ein Mädchen wurde und zur falschen Zeit auf die Welt kam, falls sie jung und unverheiratet war, das Leben ruiniert? Könnte man ihre Existenz wirklich mit der eigenen bedrohen, wenn man sie versucht zu finden? Hat man, allein weil man das schnellste Spermium war, schon alles kaputtgemacht? Denkt sie immer noch an ihr Kind oder kann man es jemals vergessen als Mutter? Selbst wenn es ungewollt war und man ihr gestohlen wurde, hat die Psyche der Mutter vielleicht so intensiv gearbeitet, um einen Selbstschutz aufzubauen, dass man vielleicht sogar verdrängt wurde? Wie ergeht es ihr jetzt und weiß sie überhaupt, dass der Geburtstag ihres Kindes ist? Wie alt ist sie selbst wohl und wie sieht sie nun aus? Sah ich ihr oder anderen aus der Familie ähnlich? Gibt es Fotos? Wann hat sie Geburtstag?

Chapter 13.2

Letter to Mom

#Sensibilisieren
#StopChildTrafficking
#AdopteeRights
#IamFromIndia
#Adoptee
#AgainstChildTrafficking
#ThisCanBeThoughtsOfAnAdopteeOnItsMaybeBirthday
सत्यमेव जयते Satyameva Jayate („Allein die Wahrheit siegt")

Geliebte Maan,

so ist es eigentlich „unser Tag", sofern er überhaupt der Tag ist, welcher er vorgibt zu sein.
Wenn es wahr ist, war ich einen Monat und neun Tage bei dir ...
Wie gerne ich wissen würde, wie es dir an diesem Tag damals oder an den anderen Tagen später oder auch jeglichem anderen Tag erging. Ob es dir überhaupt noch geht. Ob du weitere Leben geschenkt hast, sei es vor mir oder sei es nach mir, oder eben jemals wieder. Hast du deines selbst noch?
Hattest du jemals ein schönes Leben? Wie erging es dir damals vor 27 Jahren und davor und wie geht es dir nun, 27 Jahre danach?
Weißt du, dass ich manchmal vergesse, wie alt ich werde? Vielleicht liegt es daran, dass mein Leben laut „Geschichte" ja erst begann, als ich ein Jahr nach meiner Geburt das Land verlassen musste, um da anzukommen, wo ich eben hingekommen bin.
Weit weg von zu Hause. Aber im Herzen, mein liebster Engel, habe ich es nie verlassen.
So weiß ich natürlich nicht, ob du ebenso an mich denkst oder gar weißt, welcher Tag heute ist, wenn es der Tag ist, welcher er vorgibt zu sein.

Sollte dem so sein: Ich denke ganz fest an dich ... an euch ... an zu Hause ... an meine Familie ... und das jeden Tag.
Maan, das kleine Ding, das du einst in deinen Armen hieltst, neun Monate unter deinem Herzen trugst, ist jetzt 27 und wird dich, euch, immer im Herzen tragen ... Und wenn es wahr ist, sind wir beide sehr jung. Wer weiß? Hoffentlich wir bald.
Also Maan, in der Hoffnung, dass ich nicht dein Untergang war ... Alles Gute dir und euch und viel Kraft!
Hoffentlich auf bald, sofern du noch physisch hier verweilst und nicht für immer, welches Alter auch immer, bleiben musstest.
Dein Kind, dem du, wenn der Tag jener ist, welcher er vorgibt zu sein, einst das Leben geschenkt hast.
Ich liebe dich, fernab von dem, ob du mich ebenso liebst. Vergessen werde ich euch niemals, denn dann würde ich vergessen, wer ich bin.
Wie paradox mir dieser Satz erscheint, aber du weißt, was ich meine.

<u>PS: Mach dir keine Sorgen. Die Familie hier ist toll und ich liebe euch gleichermaßen unendlich und bedingungslos.</u>

Chapter 14

Ich habe lange versucht, die Covid-19-Situation außen vor zu lassen, aber leider funktioniert das nicht so, wie ich das gerne möchte.

Wir schreiben heute den 27. April 2021, und die Lage in Indien ist verheerend. Natürlich könnten Sie jetzt sagen, und leider wurde dies auch schon gesagt, dass man die hohen Zahlen auf die EinwohnerInnenzahl „umlegen" müsse. Ich frage mich dann dennoch, ist nicht jede und jeder Einzelne eine/einer zu viel? Ganz abgesehen davon, dass, warum auch immer, die Menschheit diesbezüglich eine Wertung vornimmt, sind wir doch alle jemand für jemanden. Sei es Vater, Bruder, Sohn, bester Freund, Onkel, Enkel, Neffe, Cousin, Patenkind, Schützling, Vorbild usw. Sei es Mutter, Schwester, Tochter, beste Freundin, Tante, Enkelin, Nichte, Cousine, Patenkind, Schützling, Vorbild usw.

Wir alle würden irgendwie, so ist es meine Vorstellung, vermisst werden. Selbst wenn man daran glaubt und es jemand ist, der schon physisch vergangen ist und dich noch lange nicht erwartet hätte, selbst wenn er/sie dich schon sehnlichst vermisst hat und dich herzlich willkommen hieße.

Natürlich ist, wie schon eingangs erwähnt, die Covid-19-Situation, egal wo und wen es betrifft, furchtbar und tragisch.

Nun möchte ich Ihnen einen tiefen Einblick, ganz ohne Wertung der Situation und der Schicksale, geben.

Ich saß vor den diversen Nachrichtenportalen und sozialen Netzwerken, um mich über Indien, mein Ursprungsland, zu informieren. Die Bilder, Videos und schriftlichen sowie auch verbalen Informationen, derer ich Zeuge wurde, waren kriegsähnlich. Es herrschte Panik. Man hörte und sah Menschen schreien, betteln und flehen, dass man doch bitte ihren Verwandten helfe, allerdings die Kapazitäten der Spitäler waren überlastet. Je nach Region mussten Menschen vor den Spitälern liegen. Der Sauerstoff war knapp bis nicht mehr vorhanden. Es wurden Krematorien in der Stadt aufgestellt, aber nicht so wie bei uns in Österreich, Deutschland oder sonst wo in Europa. Nein. Indien brannte. Wo man hinsah, waren Scheiterhaufen aneinandergereiht, und man sah, auch wenn die Leichname überdeckt von Scheiterhaufen und den Flammen des Feuers waren, brennende Menschen.

Nun sitzt du als Adoptivkind, der Chance auf Information, Identität und Persönlichkeitsrecht beraubt, da und fragst dich: „Ist dieser Mensch, der gerade einen Arzt anfleht, dass er seiner Mutter hilft, vielleicht dein Bruder, der um Hilfe für eure Mutter bittet? Ist dieser Mann, der wieder atmen soll, vielleicht dein Vater? Ist die Frau da am Boden vor dem Krankenhaus deine Schwester? Siehst du gerade, unwissentlich, dass ein Körper deiner Familie brennt, auf den bewegten Bildern, welche die Kamera einfängt?"

Die Chance, dass ich sie lebend finde, schwindet und schwindet, schon seit Beginn der Covid-19-Pandemie. Es beginnt, nur noch ausweglosererde zu werden, sollte es ein Ziel gewesen sein, jemanden mit deinen biologischen Wurzeln noch einmal lebend zu finden. Ganz zu schweigen davon, dass deine Familie vielleicht sogar bei der Dunkelziffer „miteinberechnet" wurde.

Man fühlt sich eventuell dem Ganzen so nah, als würde man mittendrin stehen. Doch man ist hilflos und ganz woanders. Hätte nicht einmal die Möglichkeit, irgendwie zu helfen. Wie auch, ohne Namen, ohne Adresse? Man könnte also nicht einmal bei der örtlichen Polizei anrufen und fragen, wie es und ob es jemandem überhaupt noch geht. Dir sind die Hände gebunden, und das Nichtwissen bleibt, nur dieses Mal fühlt es sich anders an, da die Hoffnung mit jedem weiteren Todesopfer nach und nach schwindet.

Obwohl man an den Umständen nicht schuld ist, fühlt es sich an, als wäre man es. Man hasst plötzlich das, was man bekam oder hat, weil es jemand anderer nicht hat.

Chapter 15

Realität – Gedanken während des Schreibens über die Thematik

Manchmal denke ich mir, wie eben jetzt in diesem Moment: Wieso tue ich mir das an? Wieso, in wessen Namen auch immer, befasse ich mich so zeitintensiv mit Recherchen und versuche dann, öffentlich dafür Gehör zu schaffen? Diese sowie andere Thematiken sind heftig und die Geschichten, Erzählungen, Recherchen sowie auch die persönlichen Gespräche oder schriftlichen Interviews sind gewaltig in ihrer Bedeutung, Tiefe und Intensität. Selbst wenn ich das emotionale Verstehen dafür nicht immer habe, habe ich dennoch das tiefe Interesse und den unbändigen Wunsch, dass sich etwas ändert. Dass viele Menschen, unabhängig davon, ob sie adoptiert sind oder nicht, mit ihrer Geschichte, ihrer Last gehört werden, und dann, ja, dann macht es mich wütend, dass ein Foto mehr Reaktionen bekommt als ein Mensch, der den Mut hat, aufzustehen, um mit der Stärke, die er hat, gehört zu werden.

Entweder werden diese Menschen abgestempelt als EgoistInnen oder gar NarzisstInnen. Es wird ihnen Selbstdarstellung unterstellt und sie werden in der Luft zerrissen. Menschen wollen das am Boden kriechende Opfer sehen und oftmals nicht den starken Menschen, der trotz des ganzen Leides und der Schicksale, die er erlebt hat, möglicherweise mehr geschafft hat als ein Mensch, der diese nicht hat. Vielleicht fühlen sich diese hasserfüllten Menschen angegriffen in ihrer Existenz? Ich weiß es nicht.

Oder es wird gänzlich ignoriert, weil die Menschen sich nicht trauen, darauf einzugehen, oder es ihnen einfach „zu fern" ist und das bitte auch „fernbleiben" soll, weil dort, wo „man selbst" ist, sind doch „eh schon genug Probleme", und „alle haben ja ihr Päckchen zu tragen".

Vielleicht mache ich mich gerade sehr unbeliebt, dennoch möchte ich zu jeglichen Gefühlen und Gedanken stehen und authentisch bleiben, unabhängig davon, ob es meinen Ruf schädigt, falls ich denn je einen gehabt habe.

Ich finde es sehr schade, dass man die Realität oft im Keim ersticken will. Verstehen Sie mich nicht falsch, ich kann es verstehen, dass man es will, denn wenn man die Welt mit all ihren Problemen sehen würde, hätte man fast keine andere Möglichkeit, als schwerst depressiv zu werden, vorausgesetzt, dass man ein Stück weit Empathie hat.

Wenn es jedoch um Themen geht, die „IgnorantInnen" betreffen, dann haben diese die höchste Priorität zu haben. Manchmal frage ich mich, ob ich in einer Welt leben möchte, in der herumdiskutiert und gestritten wird, wenn es darum geht, ob zwei Liebende heiraten dürfen, wenn sie das gleiche Geschlecht haben. Ob gleichgeschlechtliche Paare adoptieren dürfen. Verzeihen Sie mir meinen Jargon, aber es kotzt mich einfach manchmal nur noch an.

Wenn es hingegen gegen ein System geht, welches das Menschenwohl unterdrückt oder sich dafür gänzlich nicht interessiert, ist es plötzlich „zu heikel und man möchte darüber bitte nichts mehr hören".

Chapter 16

Erst vor kurzer Zeit, um genau zu sein gestern, am 26. April 2021, stellte ich ein Video von einem Interview, das ich mit Arun Dohle von Against Child Trafficking führte, auf eine online erreichbare Videoplattform, um den Menschen einen verhältnismäßig kurzen, aber informativen Einblick in das Thema, um das es hier in meinem Buch geht, zu geben.

Der Titel lautet: **Against Child Trafficking – Interview mit Arun Dohle – Noor Rox Jarurat (c) „Auslandsadoption/Indien"**

<u>Wenn das Wort „Adoption" zum Synonym wird.</u>
Dieses Video entstand, da ich mich unter meinem Künstlernamen, Noor Rox Jarurat, für viele Themen interessiere, die wenig bis gar kein Gehör finden, diese recherchiere und ebenso auf etwaigen Netzwerken anspreche, sodass ich bei dem einen oder anderen Thema das Schweigen breche. So viele Aspekte des Lebens bleiben leise oder gar gänzlich ungehört und so auch ihre Betroffenen.

Obwohl ich derzeit intensiv an der Veröffentlichung meiner ersten Bücher arbeite, beschäftige ich mich ebenso zeitintensiv damit, das Schweigen zu brechen, sodass die Stimmen überall gehört werden.

Sensibilisierung ist für mich eine der Intentionen dahinter, sei es bezüglich „stop body shaming", „stop shaming for depressions", „my body my rules", „LGBTQIA+", „adopteerights" oder, wie in diesem Fall, gegen Kinderhandel (against child trafficking).

Allein kann man die Welt nicht retten, aber wenn wir zusammenhalten, betroffen oder nicht, können wir einen Teil dazu beitragen und dazu bedarf es eines Einblicks, den ich mit diesem Video vermitteln möchte.
Ich bin kein Journalist, auch kein Anwalt und ganz bestimmt kein Weltretter/Menschenretter. Dennoch wollte ich dieses Interview und ebenso andere, die derzeit noch in Arbeit sind, führen und veröffentlichen. Es war mir beziehungsweise es ist mir ein großes Anliegen.

Chapter 17

In Wahrheit, meine lieben LeserInnen, könnte ich dem nun nachkommen, was ich ganz am Anfang des Buches schrieb. Eingangs schrieb ich, dass dieses Buch dünn wird und nicht sehr viele Seiten aufweisen wird, um zu zeigen, dass es dennoch mehr Seiten hat und dicker sein wird als das, was man manchen Adoptivkindern und den Adoptiveltern als Papiere und Dokumente mitgegeben hat. Eine Spur genauer, ich hätte eigentlich schon nach ca. 20 Seiten aufhören können. Aber das fällt mir generell schwer. Ich kann nicht aufhören, einfach zu reden, denn auch darunter leiden viele Adoptivkinder. Unter dem Schweigen. So ist das Thema gar nicht so fern, wie Sie vielleicht vermuten, denn wir leben hier oder dort, aber inmitten, so wie jede und jeder andere auch, unter Menschen. Wir sind Teil dieser Gesellschaft und so wie jede und jeder Einzelne gehören wir gehört.

Nicht nur gehört, es gehört etwas verändert und ich hoffe so sehr, dass andere ebenso aufhören zu schweigen. Dass wir uns nicht mehr zum Schweigen bringen lassen, und selbst wenn man das bereits Geschehene nicht mehr gutmachen kann, kann man es besser machen, aber dafür muss sich etwas ändern.

In dem Interview, das ich mit Arun Dohle führte, erfuhr ich Details, die mich, auch wenn ich mich nun schon länger mit dem Thema befasse, selbst schlucken ließen.

Wie ist es möglich, dass man Müttern, Familien, die aufgrund des leider damals und ebenfalls heute noch vorhandenen Kastensystems nicht einmal die Chance auf Bildung oder darauf hatten, lesen und schreiben zu lernen, einen Zettel unter die Nase hält, den sie nicht verstehen. Es wird ihnen erzählt, dass auf dem Zettel nur draufsteht, dass sie wirklich auf ihr

Kind aufpassen, doch in Wahrheit ist es eine Einverständniserklärung zur Freigabe zur Adoption.

Eine Frage meines Interviews behandelte folgendes: Wenn man sich mit dem Thema Auslandsadoption auskennt, weiß man, dass es sich zuerst nicht um eine Adoption, sondern eine Pflegschaft handelt. Sprich, das „zu adoptierende Kind" wird den Menschen mitgegeben, welche adoptieren wollen, doch die Adoption an sich wird erst in dem Land vollzogen, in dem die Adoptivfamilie wohnhaft ist. Meist wird danach das Wohl der Adoptierten nie wieder überprüft. Wie ist es möglich, dass ein Heim oder eine Adoptionsagentur trotz Jugendamtprüfung für die Pflegschaft ein Kind in <u>fremde Hände</u> und sogleich in ein fremdes Land schickt und selbst mit der Adoption und/oder mit dem, was danach mit dem Kind passiert, nichts mehr zu tun hat?

Zusammengefasst antwortete Arun Dohle, dass man schon, natürlich nicht immer, nach den Kindern „sehe", das aber schriftlich mache und die Berichte von den Eltern geschrieben werden würden.

Ich frage mich nur, wer das Kind fragt. Dafür ist das Jugendamt in dem Bezirk zuständig, in welchem das Kind wohnt. Dennoch gibt es viele Adoptierte, die zum Schweigen gebracht werden oder denen in stereotypähnlichen Sätzen Dankbarkeit für ihr „besseres" Leben eingebläut wird. Manchmal sogar so lange, bis man es glaubt.

Für Kinderhandel muss man nicht immer Geld verlangen, es reicht schon aus, mit den Kindern zu handeln, und meistens ist der Preis dafür eine gestohlene/gefälschte Identität und somit zahlen die einen oder anderen mit ihrem eigenen Kindeswohl, ihrer Lebenszeit und Psyche, auch noch lange nach der Volljährigkeit.

Wenn man also diese Fälle anerkennen und sie somit „systemrelevant" würden und die jeweiligen Länder, in denen diese

Adoption möglich gemacht wurde, ebenso diesen Teil der Gesellschaft sehen und akzeptieren würden, sollte es einen Fond für jede und jeden Einzelnen geben, die/der die Wurzelsuche beginnen möchte. Wie schon erwähnt, man kann es nicht rückgängig machen, aber besser. Man könnte „bereinigen" und in Zukunft vorsichtiger werden, sodass das Wort ADOPTION nicht zum Synonym für KINDERHANDEL wird! DENN KINDERHANDEL – MENSCHENHANDEL JEGLICHER ART – MUSS ENDLICH AUFHÖREN und die Menschheit, meine lieben LeserInnen, sollte endlich AUFHORCHEN.

Chapter 18

Das Thema Auslands- und Inlandsadoption

… ist für viele, die einen großen Kinderwunsch hegen, oder für jene, welche die Adoption miterleben dürfen, seien es Geschwister, nähere und engere Verwandte oder gar FreundInnen und Bekannte der adoptierenden Familie, gewiss ein wunderschönes, aufregendes und atemberaubendes oder gar erfüllendes Thema.

Ich, Noor Rox Jarurat, bin nicht vom Grundsatz her gegen die Möglichkeit der Adoption, sofern sie wirklich notwendig ist und ebenso legal abläuft. Wenn man diesen Kindern weder die Identität fälscht oder gar ganz stiehlt. Das Persönlichkeitsrecht ist ein Grundrecht des Menschen und die Würde des Menschen ist unantastbar.

Traurig erscheint es mir, dass es damals wie heute möglich ist, Menschen, die ihre Kinder in Obhut geben, zu berauben, bis zu dem Punkt, dass man die Kinder zur Adoption freigibt, obwohl in manchen Fällen nicht einmal eine Einverständniserklärung der Eltern und/oder der Mutter vorhanden ist oder war.

Man raubt ihnen Familie, Wurzeln und ihren Ursprung und somit die Identität. In manchen Fällen werden entweder Teile der Dokumente oder gar alle Papiere gefälscht, und in solchen Fällen sind, so meine Meinung, nicht nur die Adoptierten die Opfer eines Systems, sondern eben auch manche Adoptiveltern.

Manchen Adoptiveltern wurde die Wahrheit gesagt und sie adoptierten trotz der rechtswidrigen Umstände. Manchen Adoptiveltern wurde eine Geschichte zu den Papieren erzählt, sodass es glaubwürdig genug erschien, um der Adoption, die anfangs sowieso „nur" eine Pflegschaft war, zuzustimmen.

Oft hört man, dass es eine arme, indische, sehr junge und unverheiratete Hindu war, die das Kind „einfach ablegte" und wieder ging. Oft stimmt dies, aber ebenso oft stimmt dies nicht. In vielen Fällen gibt es Dokumente von der Mutter und dem angeblichen Waisenkind, in denen die ganze Wahrheit versteckt ist.

Diese Akte, welche die Identitäten von Eltern, Mutter, Kind beinhaltet, wird dem Adoptivkind meist nicht ohne Probleme zur Verfügung gestellt.

Manchmal dauert es auch Jahre oder gar Jahrzehnte, an diese Akte zu kommen, und oft wollen die Verantwortlichen, wie so oft im Leben, sich jeder Verantwortung entziehen.

Aber wer kann diesen Menschen helfen?

Im Grunde denke ich, dass alle helfen könnten. Zusammenhalt beinhaltet hinzusehen, hinzuhören, aufzustehen und etwas zu sagen sowie auch Aufklärung. Nur so kann man etwas verändern.

Ein Mensch allein kann die Welt nicht verändern, aber ein Stück weit dazu beitragen.

Noor Rox Jarurat

Autor*in

Noor Rox Jarurat, (Stand Heute) geboren von jemanden am (angeblich) 20. April 1994, irgendwo in Indien, ist ein/e nicht binäre/r Künstler*in und Adoptivkind aus dem Ausland.

Neben ihrer Schriftstellerei setzt sie sich mit ihren Schreibwerken (veröffentlicht oder noch nicht), für die Gleichberechtigung von Frauen und Männern (dem Menschen an sich und seine Rechte) sowie auch für LGBTQIA* und Randthemen der Gesellschaft ein.

„Denn es gehört, GEHÖRT!"

DER VERLAG

VINDOBONA
VERLAG SEIT 1946

ein Verlag mit Geschichte

Bereits seit 1946 steht der Vindobona Verlag im Dienst seiner Bücher und Autoren. Ursprünglich im Bereich periodisch erscheinender Journale tätig, präsentiert sich der Verlag heute als kompetenter Partner für Neuautoren am deutschen, österreichischen und schweizerischen Buchmarkt. Engagement, Verlässlichkeit und Sachverstand – das sind die Grundpfeiler, auf denen der Verlag seit jeher sicher steht.

Sie möchten mit Ihrem Werk das vielseitige Verlagsprogramm bereichern? Der Vindobona Verlag garantiert Ihnen eine professionelle Prüfung Ihres Manuskriptes durch das Lektorat sowie eine zeitnahe Rückmeldung.

Genauere Informationen zum Verlag finden Sie im Internet unter:

www.vindobonaverlag.com